Wo das Herz zu Hause ist

Quellen innerer Kraft

FREIBURG · BASEL · WIEN

Sonderband 2012
Herausgegeben von Ulrich Sander

Mit Beiträgen von:

Petra Altmann
Benedikt XVI.
Otto Betz
Dietrich Bonhoeffer
Phil Bosmans
Joan Chittister
Anselm Grün
Schwester Gisela Ibele
Margot Käßmann
Odilo Lechner
Anthony de Mello
Antje Sabine Naegeli
Philip Newell
Henri Nouwen
Richard Rohr
Andrea Schwarz
Christa Spilling-Nöker
Pierre Stutz
Notker Wolf

Vorwort

Eine bekannte Geschichte erzählt von einem Expeditionstrupp in unbekanntes Gebiet, auf dem nach drei Tagen die eingeborenen Träger Rast machen und das Weitergehen verweigern. Auf die Frage, was geschehen sei, gibt der Dolmetscher die Antwort: Sie wollten warten, bis ihre Seele nachgekommen sei. Die Geschichte bringt ins Bild, was wir wohl recht oft erfahren: Wir leben so, dass wir in Gefahr sind, in all den Ansprüchen unseres Alltags uns selbst aus den Augen zu verlieren. Und wir haben die Sehnsucht, das Gefühl der Entfremdung zu überwinden und in uns selbst zu Hause zu sein.

Die bekannten Autorinnen und Autoren dieses Bandes laden dazu ein, bei sich selbst anzukommen. Sie schöpfen aus ihrer eigenen Lebenserfahrung: „Wer hätte ich sein können, wenn ich mir selbst hätte gehören dürfen?", fragt *Antje Sabine Naegeli* und antwortet: „Ich will mir zuhören, spüren, was lebt." Manchmal hilft dabei, sich auf die Wurzeln der Kraft zu besinnen, die uns das Leben mitgegeben hat. „Der Mensch braucht auch ein Stück Erde zur Heimat", schreibt *Anselm Grün*. Nicht immer kann oder wird das der Ort unserer Kindheit sein. Daher sind wir eingeladen, Orte zu erkunden, die uns das vermitteln „was als Heimat in unsere Kindheit schien: die Ahnung von Geborgensein und Getragensein" (Anselm Grün).

Dann entdecken wir, dass Heimat viel mehr als aus konkreten Orten aus dem Netz von Beziehungen besteht, in dem wir leben: „Jedes Herz braucht ein Zuhause" *(Phil Bosmans)*, Menschen, die mit einem wachen Herzen und offenen Armen unser Leben begleiten und in deren Gegenwart wir aufatmen können. Von solchen Beziehungen hängt wesentlich ab, dass die Welt uns als ein freundlicher Ort erscheint, wo wir geborgen sind, auch wenn uns schmerzhafte Erfahrungen treffen. „Da sind Zufalle nicht mehr ‚nur' Zufälle, sondern Erlebnisse, die mir zufallen, mir aufzeigen, um was es wirklich geht im Leben" *(Pierre Stutz).*

Es braucht Zeit, solche Beziehungen zu pflegen, ebenso wie es Zeit braucht, achtsam mit sich selbst umzugehen. Um im Augenblick der Gegenwart geborgen zu sein, lohnt es sich, die eigene Zeit zu strukturieren, Tag und Jahr einen Rhythmus und eine Ordnung zu geben. Die Flüchtigkeit der Zeit wird dann zur Chance, sich darin einzuüben, dass wir lebenslang nicht nur irgendwo zu Hause, sondern immer unterwegs sind. „Letzte Beheimatung, das ist nicht Heimat in Nazareth oder Hannover oder Berlin oder New York oder Peking", schreibt *Margot Käßmann.* Sie erinnert an die Kraft des Glaubens, der in allem Unterwegssein eine spirituelle Heimat schenkt, die unzerstörbar ist. Die Frage, wo unser Herz zu Hause ist, möchte unseren Blick auf das richten, was in unserem Leben wirklich wichtig ist, und damit zu den Quellen führen, aus denen wir unser Leben mit Freude meistern können.

Ich hoffe, dass der eine oder andere Text dieses Bandes in Ihnen eine Saite anrührt, die Sie den vertrauten Klang von Heimat hören lässt und die heitere Gewissheit wachruft, die *Benedikt XVI.* in die Worte fasst: „Es ist wichtig zu wissen: Ich darf immer noch hoffen."

Ulrich Sander

Vorwort   5

1 Heimat finden in mir selbst

Haus und Zuhause   **17**
Otto Betz

In mir selbst daheim   **19**
Anselm Grün

Zuhause in meinem Körper   **22**
Schwester Gisela

Mein Haus auf Erden   **24**
Phil Bosmans

Ein offenes Haus   **25**
Christa Spilling-Nöker

Kein Ort · nicht mehr · irgendwo   **26**
Andrea Schwarz

Gib mich mir wieder   **28**
Antje Sabine Naegeli

Geburtsheimat   **29**
Richard Rohr

Mit dem Herzen im Paradies   **30**
Philip Newell

Geborgen und frei   **32**
Pierre Stutz

Taubenflug   **34**
Phil Bosmans

Meine Freiheit   **35**
Andrea Schwarz

Endlich wieder klar   **36**
Andrea Schwarz

2   Aus den Wurzeln wächst die Kraft

Der Erde treu   **41**
Schwester Gisela

Ein Stück Erde   **42**
Anselm Grün

Was ist Heimat?   **44**
Margot Käßmann

Prägende Erfahrungen   **46**
Abt Odilo Lechner

was bleibt   **49**
Andrea Schwarz

Aus meiner Kindheit   **50**
Abtprimas Notker Wolf

Wurzeln   **53**
Pierre Stutz

Geerbte Geschichte   **54**
Andrea Schwarz

3   Jedes Herz braucht ein Zuhause

Heimat haben   **59**
Christa Spilling-Nöker

Sehnsucht nach Heimat   **60**
Anselm Grün

Geborgenheit   **63**
Andrea Schwarz

Geliebt sein   **64**
Henri Nouwen

Was zählt   **65**
Dietrich Bonhoeffer

Grenzen überschreiten   **66**
Andrea Schwarz

In Gemeinschaft leben   **67**
Joan Chittister

Zu Hause im Wort   **68**
Schwester Gisela

Das Lied in deinem Herzen   **70**
Anthony de Mello

Im Kosmos geborgen   **71**
Pierre Stutz

4 Geborgen im Augenblick

Zeichen der Hoffnung   **75**
Christa Spilling-Nöker

Heute   **76**
Phil Bosmans

Es werde!   **78**
Schwester Gisela

Das Segel ist die Liebe   80
Andrea Schwarz

Die Kraft der Rituale   81
Pierre Stutz

Glücksmomente für den Tag   84
Petra Altmann

Zu Hause im Tag   88
Schwester Gisela

Leben im Rhythmus   91
Abt Odilo Lechner

Im Rhythmus des Jahres   94
Anselm Grün

5 Unterwegs nach Hause

Heimweh   105
Phil Bosmans

Auf dem Weg   106
Otto Betz

Unterwegs zum Sinn   108
Schwester Gisela

Nach Hause finden   110
Margot Käßmann

Was mir Heimat gibt   112
Andrea Schwarz

Heimat im Glauben   114
Abtprimas Notker Wolf

Trau der Kraft, die in dir ist **116**
Anselm Grün

Heimkommen **119**
Andrea Schwarz

Antwort auf Hoffnung **121**
Benedikt XVI.

Innere Befreiung **122**
Pierre Stutz

Anhang

Quellenverzeichnis 127

Textnachweis 130

Verzeichnis der Autorinnen und Autoren 133

Niemand war schon in dem,
was wir Heimat nennen.

Anselm Grün

1

Heimat finden in mir selbst

Sag mir, wo bist du denn daheim,
wenn nicht bei dir selbst?

Thomas von Kempen

Haus und Zuhause

Otto Betz

Der Mensch möchte – seiner ganzen Veranlagung nach – „behaust" sein, er braucht ein Dach überm Kopf, einen Schutz gegen die Kälte und die Unbilden des Wetters. Dem Nomaden genügt das Zelt, das leicht abzubauen und wieder aufzurichten ist. Seit wir aber sesshaft geworden sind, haben wir größere Ansprüche. Da soll das Haus stabil und dauerhaft sein, es soll wohnlich sein und bequem, und es soll die Möglichkeit bieten, ihm einen persönlichen Stempel aufzudrücken.

Wenn wir genauer darauf achten, können wir beobachten, dass das Haus ein anschauliches Symbol für die „Ganzheit" ist. Es braucht ein sicheres Fundament, damit es den Stürmen und Wassergüssen Widerstand leisten kann, das Dach muss festgefügt sein, die Mauern und Wände verlässlich. Aber dann erweist es sich, dass zu einem rechten Haus ja mehrere Zimmer gehören, die den unterschiedlichen Funktionen unseres Lebens dienen: Da gibt es das Speisezimmer mit dem großen Tisch, die Küche mit dem Herd, die Vorratskammer für den Proviant, da gibt es das Schlafzimmer für die Nacht, das Arbeitszimmer mit dem Schreibtisch und der Bibliothek. Und weil wir manchmal Gäste erwarten, gehört auch das Gästezimmer zu den Notwendigkeiten eines wohnlichen Hauses. Schließlich ist ein Haus nicht denkbar ohne die Tür, die sich öffnen kann und die zur rechten Zeit verschlossen wird; die Fenster machen das Haus licht und sorgen dafür, dass genügend frische Luft in alle Stuben kommt.

Zur Ganzheit unseres Lebens gehört nun einmal, dass wir uns zurückziehen können und wieder aufschließen, dass wir miteinander essen und trinken, Feste feiern und mit

Gästen zusammenkommen. Arbeit und Ruhe, Alleinsein und Gemeinsamkeit, alles muss seinen Platz haben und seinen Raum zugewiesen bekommen. – Wir wollen aber kein Einheitshaus, sondern wollen ihm einen persönlichen Charakter geben. Deshalb stellen wir Möbel auf, die wir selbst ausgewählt haben, hängen Bilder an die Wände, die wir lieben und die gleichsam zu uns sprechen. Und wenn die Musik in unserem Leben eine Rolle spielt, dann werden sich wohl auch Instrumente im Haus finden, die dem Heim einen eigenen Klang vermitteln können. So wird das Haus allmählich zu einem Spiegelbild unseres Lebens und unserer Persönlichkeit.

Das Haus wird schließlich zum Inbegriff der Beheimatung. Neben das Gebilde aus Stein und Holz tritt das „Haus der Sprache", in dem wir uns auch wohlfühlen, das Haus unserer Kultur, zu dem die Dichtung und die Musik gehören, die Kunst und alle Musen. Und ist nicht auch unser Freundeskreis eine Form der Beheimatung und Behausung?

Wir sind veränderliche Wesen: Weil wir dazulernen, neue Interessen gewinnen, den Horizont erweitern, wird uns das gewohnte „Haus" zu eng, wir bauen um und erweitern unsere Behausung. Manchmal ist es ein regelrechter Umzug, wir verlassen das Gewohnte und brauchen eine neue Hülle, die dem neuen Selbstverständnis entspricht. Vielleicht ist unser Haus sogar immer im Umbau begriffen, weil wir noch gar nicht zu unserer gültigen Gestalt gekommen sind. Es bleibt uns der Trost, den uns Jesus gebracht hat: „In meines Vaters Haus sind viele Wohnungen" (Johannes 14,2). Vielleicht sollen wir hier gar nicht so dauerhaft beheimatet sein, weil wir ein anderes Haus versprochen bekommen haben.

In mir selbst daheim

Anselm Grün

In der Stille der Natur, in der Stille des Elternhauses erahnt man die Heimat um sich herum. Wenn ich die äußere Stille genießen kann, komme ich auch mit meiner inneren Stille in Berührung. Und dann kann ich es bei mir aushalten. Dann bin ich nicht nur an diesem Ort daheim, sondern in mir selbst. Wer aber bei sich selbst daheim ist, von dem geht eine Ausstrahlung aus, die es auch andern ermöglicht, in seiner Nähe sich daheim zu fühlen. Und wer bei sich selbst daheim ist, ist überall daheim. Ganz gleich, in welchem Land er sich gerade aufhält, wenn er sich still hinsetzt und in sich hineinhorcht, spürt er die Heimat in sich selbst.

Bei sich selbst daheim zu sein, ist nicht nur eine spirituelle oder philosophische Aufgabe, sondern hat auch eine therapeutische Wirkung. Daher empfehlen vor allem transpersonale Psychologen, den Weg zur inneren Heimat zu gehen. *James Bugental,* ein Vertreter der transpersonalen Psychologie, sieht die Ursache vieler psychischer Krankheiten in der Entfremdung von der inneren Heimat: „Meine eigene Erfahrung und die Erfahrung derer, die ich als Therapeut begleite, überzeugt mich davon, dass ein großer Teil unserer Sorgen und Nöte darauf zurückzuführen ist, dass wir als Verbannte leben, verbannt aus unserer Heimat, der inneren Welt unserer subjektiven Erfahrung." Bugental meint, die wahre Heimat sei unsere innere Erfahrung, also die Erfahrung des Seelengrundes, von dem der deutsche Mystiker *Johannes Tauler* sprach. Das Ziel der Psychotherapie ist es, uns in diese innere Heimat zu führen.

„Unsere Heimat liegt innen, und dort sind wir souverän. Solange wir diese uralte Wahrheit nicht neu entdecken, und zwar jeder für sich und auf seine Weise, sind wir dazu verdammt, umherzuirren und Trost dort zu suchen, wo es keinen gibt – in der Außenwelt." Der Weg zur inneren Heimat ist daher heilsam für unsere Seele und für unseren Leib. Wir hören auf, die Lösung unserer Probleme von anderen Menschen zu erwarten oder von irgendwelchen Medikamenten oder psychologischen Methoden. Die wahre Lösung liegt in uns.

Wenn wir mit der inneren Heimat in Berührung kommen, entdecken wir, dass in uns bereits ein Raum ist, in dem wir heil und ganz sind. Dort kann uns niemand verletzen. So ist der Weg zur inneren Heimat, zu unserem Seelengrund, ein heilender Weg. Er tut uns gut. Er zeigt uns, dass wir trotz unserer neurotischen Lebensmuster etwas Heiles in uns tragen. Dort, wo wir bei uns daheim sind, haben die neurotischen Lebensmuster keine Macht. Sie werden uns zwar wieder erfassen, wenn wir uns der Außenwelt zuwenden. Aber wir wissen, dass es nur eines Augenblicks der Stille bedarf, um aus der Welt der Probleme in die innere Heimat zu gelangen, in der wir behütet und beschützt sind vor allem, was uns bedroht, in der wir bei uns daheim sein können, im Einklang mit unserem wahren Wesen.

Die Erfahrung der inneren Heimat befreit uns nicht von den Problemen, die uns in der Außenwelt bedrängen, aber sie relativiert die Probleme. Wir können immer wieder aus der Fremde in die Heimat zurückkehren, aus der Entfremdung in das eigene Haus unserer Seele. Bei uns daheim sind wir nur, wenn wir auf die Regungen unserer eigenen Seele achten, wenn wir bei allem, was wir tun, achtsam sind, in Beziehung zu unserem wahren Selbst. Wer bei allem, was er tut, auf die anderen sieht, auf ihre Reaktionen und Meinungen, ist nicht bei sich selbst. Er wird von anderen bestimmt. Bei sich daheim sein heißt letztlich, bei allem, was ich tue, in Beziehung zu mir selbst sein, in Berührung mit meinem innersten Selbst.

Dann werde ich durch das, was ich nach außen tue, nicht von mir entfremdet. Und wenn ich bei mir wohne, dann kann ich auch für andere zur Heimat werden. Dann wird um mich herum ein Raum entstehen, in dem andere Menschen zu Hause sind. Was von einem Menschen ausgeht, der bei sich selbst daheim ist, hat *Hermann Hesse* so ausgedrückt: „Heimat in sich haben. Wie wäre da das Leben anders! Es hätte eine Mitte, und von der Mitte aus schwängen alle Kräfte." Auf der einen Seite hat Hesse die Sehnsucht, „dass ich Heimat in mir habe". Auf der anderen Seite weiß er auch um die Gefahr äußerer Heimat. Er hatte ja schon einmal ein Haus und Familie und äußere Heimat. Aber er spürte sich als Dichter, der Sattsein nicht ertragen konnte: „Kein erreichtes Ziel war ein Ziel, jeder Weg war ein Umweg, jede Rast gebar neue Sehnsucht." So darf auch das Daheimsein bei sich selbst nicht zur Erstarrung werden, sondern soll uns in die Mitte führen, von der aus dann die Kraft nach außen strömt.

Zuhause in meinem Körper

Schwester Gisela

Manchmal gibt es Momente, da sind wir im Stress. Und dann macht auch noch irgendjemand eine Bemerkung, die uns aus dem inneren Gleichgewicht bringt. Das kann uns für den Moment sogar die Freude am Leben nehmen. Wenn ich mich in meinem inneren Haus nicht wohlfühle und nicht „bei mir zu Hause" bin, bin ich „außer Haus" oder wie das Sprichwort sagt: „Ich bin total aus dem Häuschen!" Mein Leib bedarf einer Wohnung, die mir Sicherheit und Rückzugsmöglichkeit gibt. Ohne Wohnung bin ich obdachlos, vielleicht sogar heimatlos.

Auch meine Seele braucht ein Zuhause. Teresa von Ávila sagt: „Tue deinem Leib Gutes, damit deine Seele Lust hat, darin zu wohnen." Hausputz heißt: meine Wohnung zu ordnen, aber auch Leib und Seele. Ich bringe Ordnung und Atmosphäre in mein Haus, damit ich gerne darin wohne und nicht so schnell „aus dem Häuschen bin".

Kann man mich in meinem Haus überhaupt antreffen? Bin ich oft aus dem Häuschen? Auf der Flucht, außer mir? Fühle ich mich wohl in meinem Haus, in meinem Leib, in meiner Seele? Ich mache Hausputz, schmücke meine Wohnung der Jahreszeit entsprechend und lasse Veränderung zu! In vielen Haushalten gibt es traditionell einen Putztag vor großen Feiertagen. Der Staub, der sich in den davor verstrichenen Wochen eingenistet hat, soll der frischen Luft weichen. Zweige und Wurzeln im Winter, Sträucher und Blüten im Frühling holen die jahreszeitliche Natur ins Haus. Ich frage mich, was mein Leib und meine Seele brauchen.

Es gibt Räume im Leben, in denen es schwerfällt, ruhig und tief durchzuatmen. Man sagt, das nimmt mir den Atem. Und es gibt Räume oder auch Menschen, in deren

Nähe es leichtfällt, aufzuatmen. Wir Menschen sehnen uns danach, Übereinstimmung zu spüren: zwischen dem eigenen Befinden, dem Pulsschlag und unserem Atem. Das Atmen ist ein beständiges Fließen: zwischen Ein und Aus, zwischen Erfülltsein und Leerwerden, zwischen Leben und Tod. Wenn wir mal ruhig dasitzen und den Atemrhythmus beobachten, fangen die Gedanken an zu fließen. Im eigenen Rhythmus zu Hause zu sein, ist wie ein Stück Ewigkeit. Das Atmen geht ohne Anstrengung, es ist tief.

Unser Körper ist kostbar. In ihm wohnt unsere Seele. Unser Geist drückt sich im Körper aus und bekommt so eine sichtbare Form. Durch ihn bleiben wir der Erde verbunden. Mit ihm spüren wir aber auch unsere Begrenztheit, unsere Zerbrechlichkeit und Verletzbarkeit.

Streichen Sie heute mal mit beiden Händen liebevoll über Ihr Gesicht, über Ihre Haut, über Ihre Hände. Spüren Sie in dieser zärtlichen Geste die Sehnsucht, Ihrer Seele ein gutes Zuhause zu geben und Ihren Körper zu lieben. Danken Sie Ihren Händen für alles, was sie im Leben schon berührt, betastet, begriffen und erfasst haben.

Mein Haus auf Erden

Phil Bosmans

Dein Leib ist dein Haus auf Erden. Deine Augen sind deine Fenster zur Welt. Du bist mehr als dein Leib, aber du kannst ihn nicht entbehren. Du musst gut für ihn sorgen und ihn nicht verwöhnen. Lass dir keine sinnlose Bequemlichkeit aufdrängen, bis du am Ende Füße nur noch für das Gaspedal hast und Hände nur noch für elektronische Tasten und Knöpfe.

Dein Leib braucht Wärme. Liegt er zu lange im Eisschrank, dann wird er starr und kalt. Dann wird er eine Ess- und Arbeits- und Schlafmaschine. Die Verbindungen zu anderen hören auf, und der Mensch fällt tot auf sein eigenes Ich zurück. Der Leib ist ein Wagen der Liebe. Ein gutes Wort ist möglich, weil du einen Mund hast. Eine sanfte Gebärde, weil du Hände hast. Ein liebevoller Blick, weil du Augen hast. Dein Leib ist Träger der Zärtlichkeit.

Ein offenes Haus

Christa Spilling-Nöker

Niemand von uns kann sich ein Haus ohne eine Tür vorstellen. Da kämen wir uns vor wie bei den Schildbürgern. Natürlich brauchen wir die Möglichkeit, in unser Haus hinein-, aber eben auch wieder herauszugehen. Mit unserem Lebenshaus ist es ebenso.

Wir brauchen Zeiten, in denen wir uns von der Welt zurückziehen und ganz auf uns selbst besinnen können. Aber dann brauchen wir auch wieder die Tür, die uns nach draußen entlässt und uns erneut die Möglichkeit eröffnet, unseren Blickwinkel zu weiten. Je mehr Gelegenheit wir uns schenken, „draußen" auch Lebensweise und Probleme anderer Menschen mit in unser Blickfeld zu nehmen, umso weiter wird unser Horizont und umso tiefer die Güte unseres Herzens, ohne die ein glückliches Leben nicht vorstellbar ist.

Lebenshaus

Bau dir ein Haus
mit dem Himmel
als Dach,
mit Wänden
aus Liebe,
mit Räumen
voll grünender
Hoffnung
und einem
Fundament
aus Vertrauen.

Kein ort
nicht mehr
irgendwo

Andrea Schwarz

> *Ein Zuhause ist, wohin man geht,*
> *wenn einem die Orte ausgegangen sind.*
> *Barbara Stanwyck (1907–1990)*

wohin
gehe ich
wenn ich
überall
schon war

wohin
gehe ich
wenn ich
nirgendwo
das fand

was ich suchte

aber
was suchte ich

oder wollte ich nur
finden

mitten auf dem weg
gehen mir
die orte aus
entlarven sich
ziehen die maske ab

ich bin müde
geworden
ich gehe nach Hause

und darf
ganz einfach

heimkommen

Gib mich mir wieder

Antje Sabine Naegeli

Verbannt
aus der innersten Heimat,
mir selber weggenommen.
Wer bin ich, Gott?
Wer hätte ich sein können,
wenn ich mir selbst
hätte gehören dürfen?

Verloren
fühle ich mich.
Ich irre umher
im Ödland,
verfange mich
in den Schlingen
fremder Erwartung.

Führe mich heraus
aus dem Exil.
Lass mich werden,
die ich bin.
Ich will mir zuhören,
spüren, was lebt
unter der Leere,
was träumt
und sich sehnt in mir.
Du weißt, wer ich bin.
Gib mich mir wieder.

Geburtsheimat

Richard Rohr

In unserer Schöpfungsgeschichte heißt es, wir seien direkt als „Bild und Gleichnis" Gottes erschaffen, und zwar aus schöpferischer Liebe. Damit sind wir von Anfang an auf eine absolut positive und hoffnungsvolle Grundlage gestellt, die wir gar nicht hoch genug schätzen können. Wir haben diese Formulierung schon so oft gehört, dass sie uns gar nicht mehr tief in unserer Existenz erschüttert. Aber genau das müsste die Aussage, wir seien „als Bild und Gleichnis Gottes" geschaffen, tun. Wäre diese Aussage wirklich bei den Menschen angekommen und existenzbestimmend, dürften manche Therapiestunden überflüssig werden. Stellen Sie sich das vor: Wir stammen buchstäblich von Gott ab! Im Kern unserer Existenz steht keine Ursünde, sondern ein Ur-Segen! Das heißt, unser Start war durch und durch positiv, oder wie es im ersten Kapitel der Bibel heißt, „sehr gut" (Genesis 1,31).

Es gibt eine Geburtsheimat für jeden Menschen, zu der wir heimkehren können, und dieser Ort ist durch und durch gut. Wenn aber der Anfang stimmt, dann wird auch alles Übrige beträchtlich leichter. Und wer seine Geburtsheimat kennt, hat einen Punkt gefunden, die Linie zu ziehen, die ihr oder ihm die Richtung weisen wird.

Die Bibel baut in ihrem ganzen weiteren Verlauf auf dieses grundlegende Gutsein auf, nämlich auf unsere wahre Identität, die „in der Liebe und Barmherzigkeit Gottes verborgen ist", wie *Thomas Merton* einmal schrieb. Das ist der Ausgangspunkt, zu dem wir immer wieder zurückkehren, gerade weil es auf unserer Reise so viele Umwege gibt.

Mit dem Herzen im Paradies

Philip Newell

Ich habe meinen Jüngsten beobachtet, wie er im Kinderwagen unter einem großen Feigenbaum im Garten lag. Der Kleine war wach und völlig da, aber er verhielt sich ganz still. Er lag da und blickte nach dem Sonnenlicht, das durch das Astgewirr schimmerte, und hörte auf den Wind, wie er mit den Blättern raschelte. Nach einer Weile wedelte er mit den Armen nach dem hin, was er sah, und brachte einen gurrenden Laut voller Wohlgefallen hervor. Mir wurde klar, als ich die Szene beobachtete, dass dies eine Art universaler Erfahrung war, etwas, das wir alle gekannt haben in den fast gänzlich verblichenen Erinnerungen unserer frühen Kindheit. Wie der schottische Schriftsteller *Edwin Muir* (1887–1958) in seinen Erinnerungen schreibt:

Ich lag in einem Raum und beobachtete einen schräg hereinfallenden Lichtstrahl, in dessen Helligkeit glitzernde Staubteilchen langsam tanzten und sich drehten, während irgendwo anders ein leises Gemurmel weiterging, möglicherweise das Summen von Fliegen. Meine Mutter war im Raum, aber wo, kann ich nicht sagen. Dieses innere Bild ist klar und doch so unbestimmt, dass die Erinnerung in die Zeit zurückreichen dürfte, als ich zum ersten Mal einen Lichtstrahl sah, während ich in meiner Wiege lag. Das Gefühl tiefen und sicheren Friedens ist seitdem nur in Träumen zu mir zurückgekommen.

Die Gnade des Staunens ist tief in uns eingepflanzt. Wie gewinnen wir sie zurück und lernen wieder, in das Licht jenes Geheimnisses zu schauen, das durch die Schöpfung und unser Leben schimmert? ... Wie ein Kind zu werden bedeutet natürlich nicht, in die Kindheit zurückzukehren und sich kindisch zu benehmen. Es bedeutet vielmehr, auf unserer Lebensreise voranzuschreiten, indem wir mehr und mehr zu dem Menschen heranwachsen, als der wir geschaffen sind. Es bedeutet, dass wir aus der Mitte unserer Wirklichkeit heraus wachsen, anstatt unser Leben von Verwundungen und falschen Grenzziehungen bestimmen zu lassen ... Vielleicht ist es eine gute Idee, wenn wir unser Leben lang eine Fotografie von uns als Kleinkind bei uns tragen. Wenn wir ab und zu in das Gesicht dieses Kindes schauen und wissen: Dieses Kind steht in der Mitte von all dem, was wir sind, auch wenn jetzt vieles mehr dazugehört? und es erinnert uns an eine Schönheit, die es wiederzuentdecken gilt.

Edwin Muir spricht in seinem Gedicht „Der Ursprungsort" vom Land unserer Heimat als einem guten, freien und schönen Erbe. Obwohl es von außen bedroht worden ist und sich verändert hat bis zum scheinbaren Verlust seiner Freiheit, schreibt Muir: „Aber in seiner Mitte steht / eine niemals eingenommene Festung". Immer wieder berannt von Angriff zu Angriff, dürfen wir doch wissen, dass wir mit unserer Mitte, mit unserem Herzen, bei Gott in Sicherheit sind. Wir dürfen wissen, dass unsere tiefste Wurzel immer noch aus jenem Ort wächst. Aus der Wurzel, die uns mit dem Paradies verbindet, können wir Früchte hervorbringen, die in der Kindheit niemals hätten reifen können.

Geborgen und frei

Pierre Stutz

Der Wunsch nach Verwurzelung, nach Beheimatung ist tief in uns und verbindet uns mit allen Kulturen und Völkern. „Etwas, das allen in die Kindheit scheint und worin noch niemand war: Heimat", umschreibt der Philosoph *Ernst Bloch* diesen Wunsch nach Gemeinschaft. Darum tun wir uns schwer, wenn Ungewissheit uns schon morgens beim Aufwachen überfällt. Sie verunsichert uns und öffnet der Angst, der Panik Fenster und Türen. Solche Gefühle können wir nicht einfach verschwinden lassen.

Sie haben ihre Geschichte und verweisen uns auf den Grund unserer Beziehungen, auf unsere Primärbeziehungen zu Mutter und Vater. Jede Verunsicherung birgt in sich allerdings die Chance, tiefer verwurzelt zu werden in meinem Selbst-Verständnis: Beheimatung nicht nur außen zu suchen, sondern mir selber Beheimatung schenken zu lassen, letztlich in Gott, dem tiefsten Grund meines Lebens.

Je tiefer ich verwurzelt bin, umso mehr kann ich mich auf die Äste hinauswagen und die Lebensstürme aushalten. Auf diesem Weg zu echter Verwurzelung suche ich in mir:

- was wirklich zu mir gehört und was mich zutiefst ausmacht – damit ich immer mehr ablegen kann, was in mich hineinprojiziert wird, was von mir erwartet wird und nicht wirklich zu mir gehört;
- was mich einengt in Beziehungen und wo ich nur aus Angst vor Beheimatungsverlust, aus Angst vor dem Verlassenwerden mich festklammere, mich zu sehr zurücknehme und mich dann paradoxerweise immer weniger daheim fühle bei mir und mit anderen;
- was ich wirklich brauche, um beziehungsfähiger zu werden.

Freiheit und Geborgenheit können Kriterien sein, die mir helfen, mich nicht in falsche Abhängigkeiten hineinzubegeben und zugleich Nähe zuzulassen. Es gilt, Idealbilder von mir und anderen loszulassen, damit jede und jeder jeden Tag in Beziehungen so werden kann, wie Gott sie/ihn von Anfang gemeint hat: verbindlich frei!

Je mehr ich an meine körperlich-geistig-seelischen Grenzen komme, Panik mich einholt, umso mehr brauche ich die Kraft des Innehaltens, des Augenschließens, des tiefen Aufatmens. Nicht um hinter meinen Entfaltungsmöglichkeiten zu leben, sondern um vermehrt an meine Ressourcen (darin steckt das französische Wort für „Quelle": *source*) der Kreativität, des Mitfühlens, der Entschiedenheit zu gelangen.

Ich nenne dies einen mystischen Weg der engagierten Gelassenheit. Denn der Ursprung des Wortes Mystik stammt vom griechischen Verb *myein*, was „die Augen schließen" bedeutet, um nach innen zu schauen. Nicht um mich zu verschließen oder gar abzutrennen von den anderen, den Anforderungen. Im Gegenteil, um den tieferen Zusammenhang mit allem neu zu entdecken. Es bedeutet, auch bei zunehmendem Druck nicht noch mehr allein vom Willen her zu leben, sondern der Intuition, der inneren Stimme zu vertrauen.

Bei zunehmenden Sachzwängen und Belastungen verstärkt sich bei vielen die Gewissheit, jetzt sicher keine Zeit der Muße mehr zu haben. Die Gefahr ist groß, sich dadurch noch mehr in den Ereignissen zu verlieren und gelebt zu werden. Darum weisen Mystikerinnen und Mystiker der verschiedenen Religionen auf einen anderen Weg hin. Sie ermutigen, sich in Zeiten hoher Belastungen erst recht Oasen der Stille, des Rückzugs zu schaffen, damit ich daran wachsen und reifen kann und nicht zerbreche.

Taubenflug

Phil Bosmans

Der Mensch ist wie eine Brieftaube, die man aus ihrer Heimat in ein fernes Land gebracht und dort freigelassen hat. Nun drängt es sie wieder an den Ort ihres Ursprungs. Allen Hindernissen zum Trotz bleibt sie unterwegs. Die Sehnsucht gibt ihren Flügeln immer wieder Auftrieb. Ist der Weg zum Ziel unseres Lebens so ähnlich?

In jedem Menschen schlummert Sehnsucht. Sie ist eine geheimnisvolle Quelle der Kraft, besonders in den Schlechtwetterperioden des Lebens. Selbst wenn wir ganz unten sind, richtet die Sehnsucht uns wieder auf. Gerade dann lässt sie uns Flügel wachsen.

Sehnsucht kennt keine Grenzen. Sie sucht das grenzenlose Glück, die Liebe, die alles Trennende überwindet. Sehnsucht leidet darunter, dass in der Welt nichts vollkommen ist, dass man an allem etwas aussetzen kann. Sehnsucht hat unstillbaren Durst, sie sucht nach einer Quelle, die unerschöpflich ist. Sehnsucht liebt den Blick in die Ferne, in die unendliche Weite des Meeres. Sie sucht im Vergänglichen das Ewige.

Meine Freiheit

Andrea Schwarz

Freiheit und Bindung, Freiheit und Treue sind keine Gegensätze, im Gegenteil. Ich entscheide mich in aller Freiheit für eine Bindung: für einen Menschen, einen Freund, eine Aufgabe, eine Idee, für Gott. Ich entscheide mich für einen Weg und entscheide mich damit gegen drei andere Möglichkeiten. Und gerade durch diese Entscheidung, die mir anscheinend meine Freiheit nimmt, werde ich frei. Eine alte Beraterweisheit lautet: „Wer sich nicht positioniert, wird positioniert werden!" Wenn ich mich nicht entscheide, werden andere für mich entscheiden. Wenn ich nicht weiß, was ich tun will, werden mir andere sagen, was ich tun soll. Wenn ich nicht weiß, wer ich sein will, werden mir andere sagen, wie ich sein soll. Und dann zieht die Unfreiheit in mein Leben ein ... Eine getroffene Entscheidung zieht zwar Grenzen, aber schafft damit auch Identität. Und das hat wiederum etwas mit Heimat und Geborgenheit zu tun. Ich weiß, wo ich hingehöre, ich weiß, was ich will – und ich weiß, worauf ich verzichte. Aus einem solchen Gehalten-Sein heraus kann ich wieder neu handeln. Damit ziehen die Gegensätze in mein Leben ein, die gelebt sein wollen: Beten und Arbeiten, Kampf und Kontemplation, Widerstand und Ergebung, Ruhe und Bewegung – und welche Gegensätze es auch immer noch geben mag. Es ist gut, dass es eine solche Spannung in meinem Leben gibt: das ist die Garantie für Lebendigkeit. Auch elektrischer Strom fließt nur zwischen zwei entgegengesetzten Polen. Dort, wo es nur einen Pol gibt, fließt und lebt nichts mehr. Leben geschieht nicht dadurch, dass ich einen der beiden Pole aus meinem Leben herauswerfe, ihn negiere, nicht wahrnehme – Leben geschieht nur dadurch, dass ich mich in die Spannung hineinstelle.

Endlich wieder klar

Andrea Schwarz

nein
ich verkaufe mein Leben nicht mehr
an nichts und niemanden
nicht für Geld
und gute Worte

nein
ich lasse mich nicht mehr einsperren
von Bildern und Erwartungen
nicht durch Druck
und nicht durch Drohung

nein
ich lasse mich nicht mehr lähmen
von meiner Angst, nicht geliebt zu sein
nicht durch Probleme anderer mit mir
und nicht durch Konflikte, die nicht meine sind

nein
ich verliere mich nicht mehr
in scheinbar Wichtigem
das so unwichtig ist

nein
ich will es nicht mehr
allen recht machen
und keine Zeit mehr für mich haben

nein
ich will so
nicht mehr leben

stattdessen
will ich mir Zeit nehmen
dem Schmetterling zu folgen
und dem Zug der Vögel
dem Weg der Wolken
und dem Klang einer Melodie
dem Tanz der Blüten am Zweig
und dem Traum der Nacht

ein Glas Rotwein mit Freunden
ein Telefonanruf
ein Brief
ein gutes Wort
Gebet und Stille und Raum

und glauben
einem Stern
der Verheißung
der Zusage

und leben
endlich wieder

leben!

2

Aus den Wurzeln wächst die Kraft

Nur zu Hause ist der Mensch ganz.

Jean Paul

Der Erde treu

Schwester Gisela

In Gedanken stelle ich mir vor, dass ich einen Stein in Händen halte. Ich spüre ihn: sein Gewicht, seine Farbe, seine Form, seine Härte. Vielleicht ist er verletzt, kantig, rissig, gebrochen? Oder aber rund und glatt, vom Wasser und von der Zeit geschliffen und geformt? Ich stelle mir vor, wie erdverbunden mein Stein ist: in Treue sich der Schwerkraft überlassend, der Erde nahe, mit den Naturgewalten immer in Berührung. Ich lasse den Stein zu mir sprechen: was er alles kann, wie er entstand, wie viele Jahre er schon existiert, seine Herkunft, seine Geschichte, seine Botschaft. Ich nehme die Stille des Steines in mir auf: Die Sprache des Schweigens ist sein Geheimnis.

Ich sitze fest wie ein Stein, der Erde treu, mir selber treu. Meine Geschichte sind die Wurzeln, die mich mit der Erde verbinden. Je älter ich werde, desto mehr zeigen sich auch Risse, Verletzungen, Verspannungen und Grenzen. Das nährt meine Sehnsucht und macht mich einzigartig. Ich bin mir aber auch meiner Fähigkeit bewusst, mich den Bewegungen und Prozessen des Lebens überlassen zu können.

Ich sitze fest wie ein Stein, der Erde treu. Dieses feste Sitzen ist Voraussetzung für die Leichtigkeit, die mein Leben beflügelt. Das was für unten gilt, gilt auch für oben. In dem Maße, wie ich mich nach unten verwurzelt weiß, kann ich mich nach oben ausstrecken und abheben. Ich bin nicht nur, wenn ich Last spüre, sondern auch, indem ich das Leben von der leichten Seite her nehme, ohne leichtsinnig zu sein.

Ein Stück Erde

Anselm Grün

Der Mensch ist von seinem Wesen her beides: auf Heimat angewiesen und zugleich heimatlos. Die Bibel hat das in der Erzählung vom Paradies ausgedrückt. Der Mensch spricht oft von seiner Heimat als von einem Paradies. Dort war er geborgen. Dort war die Welt noch in Ordnung. Doch schon die Bibel weiß, dass der Mensch aus dem Paradies vertrieben wurde. Als dem Menschen die Augen aufgingen, als er die Ordnung des Paradieses missachtet hat, da verlor dieser Ort für ihn die Atmosphäre von Heimat. Da wurde ihm alles fremd. Die Erde war nicht mehr Heimat. Er musste unter Mühsal den Ackerboden bearbeiten. Wir finden uns in der Rolle des Adam, der die Erde nicht mehr als heimatlichen Garten erfährt, sondern als Ort voller Dornen und Disteln. Und wir sind wie Kain, der ruhelos herumwandern muss, ohne Heimat zu finden (Genesis 4,14). Das ist die Situation, in der wir uns heute befinden: vertrieben aus dem Paradies unserer Heimat, vertrieben von der Ackerscholle, die uns genährt hat, und zugleich auf der Suche nach der verlorenen Heimat. Immer wieder begegne ich Menschen, die mir davon erzählen, dass sie keine schöne Kindheit hatten, dass sie keine guten Heimatgefühle kennen. Sie können mit dem Lob der Heimat nichts anfangen. Andere haben als Kinder Heimat erlebt. Aber sie sind aus dieser Heimat herausgerissen worden. Jetzt haben sie den Eindruck, dass sie wurzellos sind, dass sie sich selbst verloren haben. Sie wissen nicht, wohin sie gehören, wo sie andocken können, wo sie so etwas wie Heimat suchen sollen.

Allein der innere Raum als Heimat genügt nicht. Der Mensch braucht auch ein Stück Erde zur Heimat. Er muss auch an einem Ort daheim sein können. Manche fühlen sich aber dort, wo sie wohnen, nicht daheim. Für sie ist es oft der Urlaub, der sie an Lieblingsorte führt, in denen sie sich daheim fühlen. Es sind meist nicht Orte, die besondere Sehenswürdigkeiten auszeichnen. Vielmehr sind es Orte, die gastfreundlich sind, und Orte, an denen sie auch die Natur als etwas Bergendes und Behütendes erfahren. Gut wäre, wenn wir nicht nur im Urlaub Orte hätten, an denen wir uns geborgen und daheim fühlen. Vielleicht gibt es in der unmittelbaren Umgebung meines Wohnortes einen Wald, der mich wie ein Mantel einhüllt, oder eine Wiese, auf der ich mich getragen fühle, oder eine Bank, von der aus ich in die Landschaft schaue und in diesem Blick Frieden und Geborgenheit erfahre. Oder aber ich kenne eine Kirche, in die ich mich gerne setze, um einfach da zu sein, getragen, eingehüllt in Gottes Liebe. Wir brauchen nicht nur die innere Heimat. Wir leben als Menschen in dieser Welt und brauchen in dieser Welt Orte, die uns das vermitteln, was wir mit Heimat verbinden. In der Kindheit haben wir Heimat erfahren, weil wir mit allen Sinnen und mit dem ganzen Herzen dort gelebt haben. So kann uns der Ort, an dem wir leben, auch zur Heimat werden, wenn wir uns Zeit lassen, ihn zu meditieren, ihn zu erwandern, ihn zu spüren. Wer die Stadt, in der er wohnt, immer nur mit seiner Heimatstadt vergleicht, nimmt die Schätze gar nicht wahr, die in dieser Stadt stecken. Und wer nur flüchtig durch die Landschaft fährt, der kann sie nicht als Heimat erleben. Heimat braucht Zeit, und Heimat braucht auch unsere eigene Hinwendung. Indem wir uns auf die Landschaft einlassen, beschenkt sie uns. Auf einmal werden vertraute Wege durch den Wald zur Heimat. Oder der Blick aus dem Fenster vermittelt uns das, was als Heimat in unsere Kindheit schien: die Ahnung von Geborgensein und Getragensein.

Was ist Heimat?

Margot Käßmann

Auf der gemeinsamen Rückfahrt von einer Dienstreise fragte ich den Kollegen, der mich begleitete, ob er mit mir einen Abstecher machen würde zu dem Haus, in dem ich aufgewachsen bin. Ich wollte sehen, ob es noch steht ... Diese Begegnung mit „Zuhause" war irgendwie anrührend und befremdlich zugleich. Das Haus mit der Autowerkstatt meines Vaters, mit dem Garten meiner Mutter, den Akazien und den Autoreifen auf dem Hof, mit dem Sandkasten, der Schaukel und dem Hundezwinger, es war die Welt meiner Kindheit. Ich war glücklich dort, habe mich frei gefühlt, konnte mich nach eigenem Belieben bewegen, kannte nicht die Grenzen, wie sie die Kinder heute beim Aufwachsen erfahren. Die Erwachsenen hatten zu tun, sie waren beschäftigt mit Aufbau, Arbeit, Geldverdienen ...

Als wir da nun standen, vor diesem heute so klein erscheinenden Häuschen, an dem geteerten Hof, den ich großartig fand, als ich Fahrrad fahren lernte, der Autogarage, dem leicht verfallen wirkenden Platz, vor der Enge, die mir Kind ein riesiger Freiraum war, sagte der Kollege: „Du bist einen weiten Weg gegangen von hier bis zum Bischofsamt." Das ist mir lange nachgegangen. Ein weiter Weg, ja – aber wahrscheinlich war entscheidend diese Erfahrung der Freiheit. Es war kein hochintellektuelles Elternhaus, aber ein Ort der Geborgenheit, wo dem einzelnen Kind etwas zugetraut wurde, der Eigenständigkeit gefördert hat und so ein Denken über Grenzen hinweg ermöglichte. Unsere Eltern haben Bildung als hohes Gut gesehen und alles darangesetzt, dass ihre Töchter Abitur machen konnten.

Ich sehe mich selbst heute immer bewusster als Mischung meiner Eltern, der Mutter, die eher strenger wirkte und Disziplin forderte, und des Vaters, der eher lebenslustig war … Die Disziplin und Strenge haben mir oft geholfen im Leben, aber ebenso die Lebenslust und der Humor. So sind wir alle auf je eigene Weise Erbinnen und Erben unserer Eltern …

Heimat, das kann ein Ort sein. Beheimatet kann ich in einer Liebe sein. Der Familie. Einer Erinnerung. Einer Kirchengemeinde. Und unser Glaube kann Heimat sein, und mit ihm beheimaten wir uns auch mitten in dieser so vielfältigen, sich so schnell wandelnden Welt. Der Glaube, den wir mit Worten bekennen, auf die sich Konzilien lange vor uns geeinigt haben. Der Glaube, von dem wir lesen in dem Buch, das von den Erfahrungen der Menschen mit unserem Gott erzählt. Der Glaube, dessen Lieder wir singen in der Tradition unserer Väter und Mütter im Glauben. Ja, dieser Glaube gibt uns Wurzeln und Orientierung. Er beheimatet uns, schenkt Zugehörigkeit …

In der Mitte des Lebens werden wir aufmerksamer für das Leben und die Biografien anderer, wir lernen an ihnen, können an ihnen wachsen und die eigene gestalten. Um die eigene Beheimatung geht es, um dankbares Erinnern unserer Wurzeln auch da, wo es Brüche gab und Schwierigkeiten. Beim Blick auf das eigene Leben, den eigenen Weg spüre ich Dankbarkeit – dafür, dass ich leben durfte, wie ich gelebt habe, bewahrt wurde, wo ich in Gefahr war. Dankbar bin ich auch für die schweren Erfahrungen, die mich haben reifen lassen. Dankbar für die Menschen, die mich begleitet haben auf meinem Weg ins Leben und durch das Leben.

Wer so zurückblicken kann auf gute und schlechte Zeiten, wird die Lebenslust nicht verlieren und mutig nach vorn blicken auf neue Erfahrungen, andere Zeiten, überraschende Erfahrungen.

Prägende Erfahrungen

Abt Odilo Lechner

Aus dem Nachlass meines eben verstorbenen Vaters erhielt ich ein Schreiben mit letzten Weisungen. Dabei lag ein Brief, der schon vor 36 Jahren verfasst war. Er hatte ihn kurz nach meiner Geburt geschrieben, vorsorglich, weil er, schon im 48. Lebensjahr stehend, mit der Möglichkeit eines baldigen Todes rechnete und mir einige Worte für mein Leben mitgeben wollte, wenn er mich „nicht mehr erziehen und beschützen" könne, „bis ich groß geworden bin". Unter anderem steht in diesem Brief: „Bist Du gesund und erfreust Du Dich guter Geistesgaben, so danke Gott dafür und nütze die verliehenen Gaben recht aus. Solltest Du mit irgendeinem Fehler behaftet sein, so fühle Dich ja nicht zurückgesetzt gegenüber anderen, sondern trage jedes Leid als Fügung und Gnade Gottes geduldig und bedenke, dass nur der Mensch wahrhaft glücklich und mit seinem Schicksal zufrieden ist, der die ihm übertragenen Aufgaben – mögen sie auch noch so gering erscheinen – nach seinen besten Kräften erfüllt."

Der Brief mahnt mich zum Vertrauen auf Gott und die Mutter Gottes, zur Meidung jeder schlechten Gesellschaft und Versuchung und zur Freude an Gottes schöner Natur ... Dieser Brief forderte mich zu einem großen Vertrauen zu meiner Mutter auf. Als ich ihn erhielt, war sie freilich schon lange gestorben ... Der Vater war von sehr ernsthaftem Verantwortungsgefühl und von einer tiefen Frömmigkeit erfüllt. So las er täglich ein Kapitel aus der „Nachfolge Christi" von *Thomas von Kempen* und erfuhr dabei Tröstung und Beruhigung bei allen Sorgen, die ihn bedrängten.

Einen gewissen Ausgleich in der Erziehung bildete meine Mutter, die das Leben leichter nahm, gerne Klavier spielte und malte und beim Kinderfasching uns gut zu unterhalten wusste. Auch sie war fromm, aber in keiner Weise ängstlich. Sie nahm mir auch alle Angst vor dem Beichten. Sie erzählte, sie habe als Mädchen einmal auch gebeichtet, dass sie französische Romane, die auf dem Index standen, gelesen habe. Der Beichtvater habe sie gefragt, ob sie versprechen wolle, solches nicht mehr zu tun. Da sie auf Bücher der Weltliteratur auch in Zukunft nicht verzichten wollte, verneinte sie die Frage und wurde nicht absolviert. Sie ging am folgenden Samstag wieder zur Kirche, aber in einen anderen Beichtstuhl und schilderte, wie sie auf interessante Literatur nicht verzichten wolle. Dieser Beichtvater lobte ihre Ehrlichkeit und gab ihr die Absolution. Diese mütterliche Erzählung wie auch der verständnisvolle Unterricht meiner Religionslehrer haben mich vor sonst durchaus üblichen Ängsten im kirchlichen Umfeld bewahrt und die Freiheit des Christenmenschen schätzen gelehrt. Das war gerade nach den Erfahrungen einer Diktatur sehr wichtig …

Ein unvergessenes Erlebnis im Kindergarten: Jeder sollte auf einem weißen Blatt Papier etwas nach Gutdünken zeichnen. Ich fing an, das weiße Blatt mit einem großen Kreis zu füllen und ihn langsam nach innen zu wenden. Das Mädchen, das neben mir saß, schaute bewundernd herüber: Was wird das Großes und Schönes? Ich schaute auf ihr Blatt und fand nur ein kleines Bäumchen am Rand und wandte mich befriedigt wieder meinem großen Entwurf zu. Meine Hand zog weitere Kreise in der Hoffnung, meine Hand würde noch eine schöne Mitte gestalten. Aber unerbittlich zog es meine Hand weiter zu immer kleineren Kreisen, die schließlich in einem Punkt endeten. Meine Nachbarin, deren Blatt sich allmählich doch noch mit einigen Sträuchern und Bäumen und Tieren gefüllt hatte, sagte nun zu mir herüber: Ach, jetzt gefällt mir dein Bild nicht mehr. Es sind ja nur Kreise.

Insgeheim gab ich ihr recht. Die vielen kleinen Dinge, die sie gezeichnet hatte, waren lebendiger und lieblicher als die Kreisspirale auf meinem Blatt. So ist es mir oft im Leben gegangen: Statt mich mit Einzelheiten, mit Kleinigkeiten zu beschäftigen, träumte ich von dem großen Wurf, der mir im Leben gelingen sollte. So habe ich später denn auch lieber großen philosophischen Ideen nachgehangen, als mich etwa mit einzelnen Daten der Geschichte herumzuschlagen. Und oft musste ich erfahren, dass alle maßlosen Erwartungen zusammenschmolzen auf einen kleinen Punkt. Die große Idee eines großartigen Lebens kann nur Wirklichkeit werden in ganz kleinen Schritten, in alltäglichen Tätigkeiten, in der liebevollen Sorge um das Detail. In der Regel des heiligen *Benedikt*, in der Suche nach dem unendlichen Gott, geht es um eine gute Ordnung des Endlichen, um das rechte Maß. Die große Änderung, die Hinwendung zum Ewigen geschieht im rechten Gebrauch von Zeit und Ort, in der rechten Gestaltung des kleinen Teiles der Welt, der mir anvertraut ist, in der rechten Ordnung von Arbeit und Gebet, von meditativer Muße und treuem Dienst, von Essen und Trinken, von Schlafen und Wachen. Freilich ist mir das Bild dieser Kreisbewegung auf die Mitte hin mehr und mehr auch als positive Aufgabe erschienen: Aus dem Umherschweifen in die Weite werden wir immer mehr zur Mitte geführt. Die Kreise unserer Unternehmungen werden immer kleiner, und wir schrecken nicht davor zurück, sondern können es bejahen.

was bleibt

Andrea Schwarz

was bleibt

sind erinnerungen
ein lächeln
ein paar tränen
das eine oder andere wort
eine umarmung
ein stück leben

was bleibt
ist heimat
nähe
verbundenheit

wurzeln
die in die zukunft
wachsen

lassen

Aus meiner Kindheit

Abtprimas Notker Wolf

Die Spatzen sind meine Lieblingsvögel. Wenn ich als Kind krank war und am Fenster stand, konnte ich sie beobachten. In den Rosenbäumchen gegenüber von unserem Haus, rund geschnittene, wie man sie heute fast nicht mehr sieht, da war ihr Lieblingsort. Die waren immer voll von ihnen. Gerade im Winter, wenn die Blüten längst verwelkt und das Laub schon abgefallen war, sah man sie, und ihr Lärmen, Zirpen und Tschilpen war die schönste Musik für mich. Ein Flattern, eine Bewegung, alle schwirrten sie gleichzeitig heran und rissen sich gegenseitig das Futter aus dem Schnabel. Frech, vorlaut, flüchtig.

Es war das volle Leben. Es war der Himmel. Ja, Spatzen sind für mich die Himmelsvögel. Einfach, quirlig, lebendig, vital, unmittelbar in ihren Lebensäußerungen. Ein Inbegriff des Glücks. Sie flatterten immer rasch herüber zu unserem Fenster, pickten die Brosamen auf und flogen wieder zurück. Zum Teil bekämpfen sie sich, zum Teil lieben sie sich. Inbilder unverstellter Lebensfreude.

Wenn ich ihnen zusah, habe ich die Leichtigkeit des Lebens selbst intensiv erfahren. Ich stand am Fenster wie gebannt und konnte mich nicht von ihnen lösen. Noch heute sind Spatzen für mich etwas ganz Besonderes. Der Fromme könne wie ein Sperling im Tempel Gottes nisten – das ist biblische Sprache. Wie „der Sperling auf dem Dach", der im Psalm 84 Symbol für das Gottvertrauen ist. Oder das Beispiel Jesu aus dem Matthäusevangelium: Es fällt kein Sperling vom Himmel, ohne dass Gott es wüsste …

Vor Kurzem habe ich an einer Autobahnraststätte in Südtirol Spatzen gefüttert. Ich habe ihr Tschilpen nachgemacht, mit ihnen leise gepfiffen, mit ihnen geredet. Ich kam mir ein wenig vor wie der heilige Franziskus, so zutraulich waren sie. Sie haben mir aus der Hand gefressen. Mit Spatzen zu reden ist wie mit kleinen Kindern zu reden. Sie brauchen auch den Schutz wie kleine Kinder. Ich habe auch das erlebt. Sie waren wieder vor dem Fenster, als ich ihnen zusah, damals als krankes Kind. Auf einmal wurde es dunkel, und wie eine Wolke stoben sie auf. Und dann sah ich es: Ein Hühnerhabicht stieg auf, mit einem Spatz in den Krallen. Sie sind so schutzlos und wehrlos gegenüber diesen großen Raubvögeln. Auch deswegen sind sie für mich ein so wahres Glückssymbol. Glück ist bedroht und nie sicher. Man soll sich freuen, wenn man Glück hat. Denn man weiß nie, wann es vorbei ist.

Zeichen der Leichtigkeit, aber auch der Flüchtigkeit des Glücks sind Spatzen für mich. So scheu sind sie. So leicht aufzuschrecken. Und so wehrlos. Und es stimmt: Glück ist wehrlos. Es kann so leicht in Brüche gehen. Eheglück kann zerbrechen. Liebesglück, das sich Ewigkeit schwor, geht plötzlich in Scherben. Das lebenslange Miteinander zweier alter Menschen, von denen einer plötzlich stirbt, kann in großem Schmerz enden. Glück ist ein zerbrechlich Ding.

Das Glück ist auch wie ein flüchtiger schreckhafter Vogel. Spatzen fliegen schnell auf, scheuen hoch und leben immer in Gefahr. Über Glück kann man nicht verfügen. Es ist nicht machbar. Und man kann es nicht festhalten. Es will aber nicht nur flüchtig sein. „Verweile doch, du bist so schön!" Glück will auch die Ewigkeit. „Alle Lust will Ewigkeit, tiefe, tiefe Ewigkeit", sagt *Nietzsche*. Glück ist immer irdisch. Und damit auch etwas Vergängliches. Sei froh, wenn du es hast. Sei froh, wenn du gesund bist. Sei froh, wenn du heute da sein darfst. Glück verweist aber auf etwas anderes, das es übersteigt. Auf etwas, das ewige Dauer hat. Man spricht bezeichnenderweise nicht von ewigem Glück, sondern von ewiger Glückseligkeit. Was Glück sein kann, ahnt man, wenn man auf das hört, was Jesus gesagt hat: „Sorgt euch nicht, was ihr morgen anziehen und was ihr morgen essen werdet. Betrachtet die Lilien des Feldes und die Vögel des Himmels. Gott kümmert sich um alles, sogar um einen Sperling, der vom Dach fällt und um jedes Haar, das dem Menschen vom Haupt fällt." Dahinter steckt Vertrauen und Lebensfreude ... Die Lilien und die Vögel, dieses biblische Bild ist ein menschheitliches, es wird überall verstanden und ähnlich empfunden.

In einem chinesischen Zen-Gedicht ist Glück so beschrieben: „Wenn der Frühling kommt / Feiern Tausende von Blumen / Und der goldene Vogel singt / Im grünen Weidenbaum." Spatzen sind heute eine gefährdete Spezies. Das glatte Fassadenmauerwerk hindert sie am Nisten. Es gibt sogar schon Initiativen für die Rettung des Sperlings. Hat das moderne Leben eine solche glatt-harte Fassade, dass unser Glück darin nicht mehr nisten kann? Und wie könnte ein Lebenshaus aussehen, in dem das Glück, das unverstellte Leben, auch seinen Platz hat?

Wurzeln

Pierre Stutz

Im Gespräch mit den Bäumen kann ich wesentliche Lebensgrundwerte entdecken wie die Verwurzelung, den Umgang mit „Verknorztem", das Loslassen und die Ausrichtung zum Licht. Im Dialog mit den Bäumen zeigt sich, wie sehr wir Menschen auf sie angewiesen sind. Die Bäume lehren uns einen einfachen Lebensstil, in dem Selbstentfaltung und Solidarität keine Gegensätze sind. Bäume stehen fest zu ihrer Einmaligkeit. Diese Kraft lässt viele Menschen in ihrem Schatten ausruhen. Auch für *Hermann Hesse* sind Bäume „Heiligtümer". Wer mit ihnen zu sprechen, wer ihnen zuzuhören weiß, der erfährt die Wahrheit.

Ich denke an Menschen, die sich nach einem „Burn-out" oder in einer längeren Umbruchzeit sehr lange mit ihrer Müdigkeit und ihrem Erschöpftsein auseinandersetzen müssen. Wochen- und monatelang können sie und wir den Eindruck haben, dass sich nichts verändert. Sich dabei mit Wohlwollen und Geduld begegnen, ist unglaublich schwer. Darum können konkrete Bilder in der Schöpfung eine echte Lebenshilfe sein, um seiner Müdigkeit wohlwollender zu begegnen. Es gelingt, wenn ich meine Langsamkeit als Chance sehe, um all die vielen – im Stillen geschehenden – Wachstumswunder bewusster wahrzunehmen: Jene Wunder vor allem, die mir offensichtlich werden lassen, dass sich auch in „abgebrochenen" Situationen, in Unterbrechungen, im Stillstand neues Leben unaufhaltsam seinen Weg sucht. Jene Wunder, die mir zeigen, dass sich in Zeiten der Trockenheit unsere Wurzeln noch tiefer auf die Erde einlassen, um unerwartet neue Zugänge zum Wasser des Lebens zu entdecken.

Geerbte Geschichte

Andrea Schwarz

Ich will keine Geschichte aufarbeiten, es geht mir nicht um Schuldzuschreibung, Mitleid oder Wiedergutmachung. Und ich habe auch keine Lust dazu, dass ich von irgendwelchen Interessengruppen für ihre Ziele vereinnahmt werde. Ich habe keine Absicht nach Ostpreußen umzusiedeln und irgendwelche Gebietsansprüche anzumelden – und auch dass ich das so klar sagen muss, gehört ja schon wieder zum Teil unserer Geschichte ... Es geht mir um eine sehr persönliche Schilderung der Geschichte einer Familie während und nach dem Zweiten Weltkrieg – aus dem Blick derer, die eine Generation später leben. Es geht mir darum, den Begriffen „Flüchtling" und „Vertreibung" ein menschliches Gesicht zu geben, ein „deutsches" Gesicht. Und es geht mir darum zu überlegen, wie das, was unsere Eltern erlebt haben, sich wiederum auf uns auswirkt.

Aus unserer Familie ist etwas geworden. Mein Vater hat sich vom Arbeiter bis hin zum Amtsrat hochgearbeitet. Meine Mutter arbeitete als Glas- und Porzellanverkäuferin. Mein Bruder hat einen Beruf erlernt, in dem er heute noch tätig ist. Ich konnte studieren und meinen ganz eigenen Weg gehen. Und doch – im Gepäck haben wir diese Geschichte meiner Eltern. Das, was meine Eltern erlebt haben, ist eine Geschichte von neun Millionen Geschichten, die Menschen erlebt haben. Es ist eine Geschichte, die Millionen von Menschen heute erleben. Eine Erfahrung bleibt: Es ist machbar. Man kann neu anfangen. Diese Generation hat es bewiesen.

Nein, ich erbe keine Häuser und keine Grundstücke. Muss ich ja auch nicht. Das, was ich erbe, ist etwas anderes: Die Erinnerung daran, dass man alles verlieren kann – und damit die Frage: was ist wirklich wichtig? Ich habe Heimatlosigkeit geerbt – und Heimat in meinem Glauben geschenkt bekommen. Und ich glaube, auch die Sehnsucht gehört zu diesem Erbe dazu. Ich spüre die Verantwortung, anderen zu helfen, denen es schlechter geht – weil uns damals andere geholfen haben – und weil es nicht mein Verdienst ist, dass es mir heute gut geht. Ich habe auch gelernt, dass Barmherzigkeit wichtiger sein mag als manches Gesetz. Und ich habe den Grundsatz meiner Eltern übernommen, dass man aus allem das Beste machen muss. Aber ich habe auch die Fragen geerbt, ob das alles so richtig ist, was Menschen einander antun – und ich habe das Verständnis geerbt, wie es Menschen gehen mag, die sich gezwungen sehen, ihre Heimat zu verlassen.

3

Jedes Herz
braucht ein Zuhause

Es gibt keinen Weg,
der nicht irgendwann nach Hause führt.

Afrikanisches Sprichwort

Heimat haben

Christa Spilling-Nöker

Heimat haben dort,
wo sich von Kindheit an
das Leben eingewurzelt hat,
verwachsen mit der Familie
und Freunden –
oder sich da zu Hause
und geborgen wissen,
wo Menschen sind,
die einen lieb haben,
so wie man ist –
wo immer auf der Welt
das auch sein mag.

Sehnsucht nach Heimat

Anselm Grün

Das Wort „Heimat" hat im Deutschen einen eigenen Klang. Da schwingt das Gefühl von Geborgenheit mit. Und das Wort Heimat weckt die Sehnsucht nach einem Ort, an dem ich daheim sein kann, an dem ich so sein kann, wie ich bin, an dem ich angenommen bin, geliebt bin, an dem ich mit meinen Wurzeln in Berührung bin. In Begleitungsgesprächen erzählen mir Menschen, dass sie nicht nur die äußere, sondern auch die innere Heimat verloren haben, dass sie sich heimatlos fühlen, sich verloren haben.

Sie wissen nicht mehr, wer sie sind und wohin sie gehören, was sie trägt und wo sie Geborgenheit finden könnten. Ich spüre, dass die Suche nach der Heimat heute ein Thema ist, das viele Menschen beschäftigt. Und es ist ein Thema, auf das die Religion, auf das die christliche Tradition schon immer eine Antwort zu geben versuchte. Was bedeutet uns heute Heimat? Welches Gefühl ist damit verbunden? Wo sind wir daheim? Sind es Orte, sind es Menschen, ist es der Glaube, ist es der Freundeskreis? Oder aber ist es die Sprache, die Musik oder ein Buch, das wir lesen?

Neulich erzählte mir eine Frau, dass sie sich daheim fühlt, wenn sie in aller Ruhe ein Buch liest. Über diese Aussage habe ich nachgedacht. Inwieweit kann ein Buch Heimat bieten? Wir verbinden mit Heimat normalerweise einen Ort, an dem wir leben. Ein Buch ist kein Ort. Und dennoch tauchen wir im Lesen in eine eigene Welt ein. Manche haben als Kinder leidenschaftlich gern gelesen. Sie haben sich in jeder freien Minute in ihr Zimmer zurückgezogen und gelesen. Oder sie haben im Bett noch lange gelesen und mussten ihr Lesen vor dem Vater oder der Mutter verstecken. Im Lesen sind sie in eine andere Welt eingetaucht.

Sie haben in den Büchern eine Gegenwelt zu der ihren entdeckt, in der sie sich nicht daheim gefühlt haben. Die Familie, die Umgebung, das Dorf, das Milieu, in dem sie aufgewachsen sind, war ihnen nicht Heimat. In den Büchern haben sie etwas entdeckt, was für sie Heimat ist: Da sind sie in eine Welt eingetaucht, die ihren eigenen Gedanken und Träumen entsprach. Und weil ihr Herz angerührt war, fühlten sie sich in Büchern daheim. Manche erzählen mir, dass sie beim Lesen das Gefühl haben, dieses Buch sei nur für sie geschrieben. Sie erleben im Buch ihre innere Heimat.

Gerade in unserer mobilen Welt wächst die Sehnsucht nach Beheimatung in einer überschaubaren Gruppe, nach Beheimatung in der Sprache, in der Religion und in einer Kirche. Es ist die Sehnsucht nach Geborgenheit, nach Ruhe und Sicherheit und die Sehnsucht nach den Wurzeln, aus denen wir leben. Die vielen Fremden, die sich in Deutschland niedergelassen haben, sind oft hin- und hergerissen zwischen der Sehnsucht nach der Heimat, die sie verlassen haben, und der Beheimatung dort, wo sie wohnen. Eine Griechin, die schon lange in Deutschland lebt, meinte: „Heimat ist für mich dort, wo ich mich zu Hause fühle."

Viele Migranten sind ja gerade deshalb aus ihrer Heimat ausgewandert, weil sie dort keine Heimat mehr fanden. Sie konnten dort nicht mehr wohnen, weil die wirtschaftlichen oder politischen Verhältnisse es nicht zuließen. Trotzdem bleibt in ihnen der Geruch der heimatlichen Felder oder Feste. Die vielen Menschen, die innerhalb Deutschlands oft ihren Wohnort gewechselt haben, lokalisieren ihre Heimat nicht an einem Ort, sondern in den verschiedenen Gruppierungen, in denen sie Heimat gefunden haben. Wonach sehnen sich also die Menschen, wenn sie sich nach Heimat sehnen?

Bei der Suche nach einer Antwort stoße ich auf den Philosophen *Ernst Bloch*. Heimat ist nie nur das Vergangene, von dem wir schwärmen. Im Begriff der Heimat – so meint Bloch – steckt vielmehr immer auch unerfüllte Hoffnung. Man sehnt sich nach der Heimat und verbindet damit, geborgen und geliebt zu sein, einen Raum zu haben, in dem man ganz man selbst sein kann, in dem man in Berührung kommt mit dem, was einem in der Kindheit Zuversicht und Hoffnung geschenkt hat, was einen als Kind genährt hat. Doch Bloch sieht Heimat nicht als das, was es zu bewahren gilt, sondern als ein Noch-nicht, als eine Utopie, die „dem Menschen den Impuls zu innerweltlicher Veränderung und zum die Gegebenheiten verbessernden Tun vermitteln" kann. Heimat ist nicht einfach da, sie muss vielmehr von uns erst geschaffen werden. Berühmt ist die Definition von Ernst Bloch am Ende seines großen Werkes „Prinzip Hoffnung". Heimat ist für ihn etwas, „das allen in die Kindheit scheint und worin noch niemand war".

Heimat ist für Bloch nie nur etwas Vergangenes, sondern etwas, was in die vergangene Kindheit hineinleuchtet, was uns aber letztlich erwartet. Heimat ist somit eine Utopie, ein Nicht-Ort, den wir aber gerne mit den Orten unserer Kindheit identifizieren. Aber die Kindheit ist nicht die Heimat, sondern die Verheißung von Heimat. Das, was wir als Kinder gespürt haben an Geborgenheit, an Geschmack des Lebens, was uns als Geruch des Lebens in die Nase gestiegen ist, das erwarten wir in der Zukunft. So sind wir unser ganzes Leben lang auf der Suche nach der Heimat, die uns in die Kindheit hineingeleuchtet hat, die aber noch aussteht als das, was uns für immer Geborgenheit und ein Zuhause schenkt, ein Heim, in dem wir uns niederlassen, in dem wir daheim sind, in dem wir wohnen und bleiben können.

Geborgenheit

Andrea Schwarz

Heimat, heimkommen ... das ist für mich nicht mehr an einen Ort, an eine Landschaft und inzwischen auch nicht mehr an einen Kontinent gebunden. Ich fühle mich in Viernheim zu Hause und im Emsland, in der Ortenau, in Dinklage und in Mariannhill. Und das aus dem ganz einfachen Grund, weil dort Menschen leben, die ich mag, mit denen ich mich verstehe, weil es Orte sind, an denen ich etwas erlebt habe, was für mich wichtig ist oder war ... Und mitten in all meinem Unterwegs-Sein brauche ich diese Orte und noch viel mehr die Menschen, die dort leben, die mich halten, ohne mich festzuhalten. Die mir keine Vorwürfe machen, dass ich schon wieder weg bin und schon wieder keine Zeit habe, sondern die einfach sagen: „Komm, wenn es dir gut tut!" Freunde, bei denen die Tür offen steht, bei denen es ein Glas Wein gibt, Freunde, die zuhören können und erzählen.

Geliebt sein

Henri Nouwen

Muss ich alles alleine schaffen? Kann ich an meinem Geliebtsein festhalten, auch wenn die ganze Welt mich zu überzeugen versucht, dass ich nicht geliebt bin und dass ich Geld dafür bezahlen muss, mich geliebt zu fühlen? Die Welt verführt uns dazu, Geld zu bezahlen, Reisen zu machen, alle möglichen Unternehmungen anzustellen und „dabei zu sein", damit wir selbst uns irgendwie wertvoll vorkommen. Wie kann ich mich gegen all diese versucherischen Kräfte wehren?

Dazu brauche ich andere Menschen, die mir sagen: „Du musst das alles gar nicht tun. Du bist geliebt!"

Wir brauchen Freunde, die uns ganz leiblich berühren. Es gibt ein großes Bedürfnis, leiblich angenommen zu werden, geküsst, in die Arme genommen, gehalten zu werden, eben ganz normalen, gesunden Körperkontakt zu spüren. Das Bedürfnis danach ist groß, bei alten Menschen, bei Männern, Frauen, Kindern. Es gibt eine ungeheuer große Sehnsucht danach, angenommen zu werden, ein Verlangen nach Menschen, die sagen: „Was du da gesagt hast, war wirklich gut und hat mir weitergeholfen." Es gibt ein großes Bedürfnis danach, dass uns einer anruft und sagt: „Ich hab an dich gedacht und dich in mein Gebet eingeschlossen." Es gibt ein ungeheuer großes Bedürfnis danach, Menschen um sich zu haben.

Was zählt

Dietrich Bonhoeffer

Am 5. April 1943 wurde Pfarrer Dietrich Bonhoeffer ins Gefängnis Tegel eingeliefert, am 9. April 1945 im KZ Flossenbürg vom NS-Regime hingerichtet. Im November 1943 schreibt er an seinen Freund Eberhard Bethge aus der Haft:

Es ist also wirklich dazu gekommen, – wenn auch nur für einen Augenblick; aber das ist nicht so wichtig; auch ein paar Stunden wären ja viel zu wenig, und man wird hier in der Abgeschlossenheit so aufnahmefähig, daß man auch von ein paar Minuten lange zehren kann. Dieses Bild – die vier Menschen, die mir in meinem Leben am nächsten stehen, einen Augenblick um mich gehabt zu haben – das wird mich nun lange begleiten. Als ich herauf in meine Zelle kam, lief ich eine Stunde lang nur auf und ab, das Essen stand da und wurde kalt, und ich musste schließlich über mich selbst lachen, wie ich mich dabei ertappte, daß ich von Zeit zu Zeit ganz stereotyp vor mich hinsagte: „das war wirklich schön!"

Grenzen überschreiten

Andrea Schwarz

Ich bin den richtigen Menschen zum richtigen Zeitpunkt begegnet – und sie haben mich herausgefordert, mich unterstützt, mich gehalten, mich konfrontiert, mich das Loslassen gelehrt. Ich habe die Aufgaben in meinem Leben bekommen, die gepasst haben, an denen ich gewachsen bin, die mir gut getan haben – auch wenn manchmal dabei alle meine Pläne durchkreuzt wurden. Ich habe unsagbar viel erleben dürfen – eigentlich reicht es für drei Menschenleben aus – und es war schön so! Ich werde fünfundfünfzig dieses Jahr – und finde es nicht selbstverständlich, dass ich halbwegs gesund bin.

Da gibt es Freunde, die mich begleiten, und Menschen, die ich sehr mag. Es gibt ein paar Orte, an denen ich zu Hause bin, Heimat gefunden habe. Es gibt Bücher und Musik und Bilder und Landschaften ... Und es gibt einen Gott, an den ich glauben kann – und dem ich mich und mein Leben geben kann.

Dankbarkeit hat etwas mit „bewusst leben" zu tun – und damit, dass ich mein Leben anschaue, es wahrnehme. Zugegeben, manches, was wir erleben, lädt nicht gerade zur Dankbarkeit ein. Wie will ich für Krankheit und Tod, für Scheitern und Grenzerfahrungen dankbar sein?

Aber im Nachhinein bekommt manches seinen Sinn, was ich im konkreten Erleben nicht sehen, nicht wahrhaben konnte. Das, was ich erlebt habe, hat manchmal in meine Kategorien des Lebens nicht hineingepasst – und das hat oft sehr wehgetan. Manchmal wurden mit dem, was mir zugemutet wurde, Grenzen überschritten. Aber wie will ich wachsen, wenn nicht ab und an Grenzen überschritten werden – oder ich Grenzen überschreite?

In Gemeinschaft leben

Joan Chittister

Gemeinschaft, lehrt *Abba Johannes,* schenkt uns die Art von Beziehungen, die uns helfend durch die Minenfelder unserer Selbstsucht begleiten, die uns mit unserer Verantwortung konfrontieren, uns über uns selbst hinauswachsen lassen und Tag für Tag unser Mitgefühl herausfordern ... Der spirituelle Mensch sieht den Schöpfer im Glanz der Schöpfung. Gott, so weiß er, ist in allem, was ist. Das Gute, das wir in anderen sehen, lässt uns einen Blick auf Gottes Angesicht erhaschen. Was wir von anderen lernen, lernen wir über uns selbst. Der Respekt, den wir anderen entgegenbringen, spiegelt unsere eigene Einstellung zur Schöpfung wider. Die Art, wie wir auf die Bedürfnisse anderer reagieren, ist ein Hinweis auf unsere eigenen Bedürfnisse. Die Aufmerksamkeit, die wir anderen schenken, wirft Licht auf unseren wahren Sinn für die Weite des Universums und lässt uns über uns selbst hinauswachsen. Die Sichtweite anderer erweitert unseren eigenen Blick über den Alltag hinaus. Die Weisheit anderer kann uns helfen, Antworten zu finden, die nicht an der Oberfläche stehenbleiben. Wir sind aufeinander angewiesen, um jene Liebe zu finden, die unserem Leben Bedeutung schenkt, jene Liebe, die uns die ewige Liebe Gottes verbürgt, den kein Begriff einfangen kann. Was unsere Spiritualität taugt, hängt davon ab, ob wir aufrichtig den Platz betrachten, den wir in der menschlichen Gemeinschaft einnehmen sollen. Spiritualität bedeutet zuzulassen, dass andere jeden Tag die engen Grenzen, die wir um unser Leben gezogen haben, überqueren – und auf ihre Aufforderung zu hören, mehr zu sein als das, was wir sind.

Zu Hause im Wort

Schwester Gisela

Sprache und Klang sind in ihrem Wesen Beziehung. Entweder sie stiften oder zerstören Beziehung. Nur wenn ich mit mir selbst in Beziehung lebe, findet auch mein Wort und mein Schweigen einen Weg zu meinen Mitmenschen, kann ich mein Wesen mitteilen und mich selbst offenbaren. Hören und Sprechen sind deshalb ein intimes und emotionales Ereignis.

In der Schöpfung ist verdichteter Klang, Bewegung und Veränderung, Harmonie und Botschaft zu entdecken. Es sind nicht nur die Dinge, die klingen, sondern auch ihre Zuordnungen. Davon ist jedenfalls der inzwischen verstorbene Musik-Kenner *Joachim Ernst Berendt* überzeugt. Er hat über dieses Thema wissenschaftlich geforscht. „Das Ziel der Welt ist Harmonie, jede Disharmonie strebt nach Auflösung." Bei der Entstehung unseres Sonnensystems habe sich aus einer Disharmonie im Lauf von vielen Millionen von Jahren eine Harmonie der Planetenbahnen entwickelt. Klänge und ihre Bewegung sind wie ein Herzschlag unserer Welt, auch meiner eigenen Welt.

Faszinierend für mich, dass, anatomisch betrachtet, unser Herzmuskel Ausstülpungen an den Vorhöfen besitzt, die „Herzohren", deren Sinn noch nicht umfassend geklärt werden konnte. Eine Lebensweisheit verbirgt sich in der Vermutung, dass wir Menschen besser mit dem Herzen als mit den Ohren hören können. Gehen wir also davon aus, dass wir nicht nur zwei, sondern sozusagen drei Ohren besitzen. Übrigens: Im Begriff „Akkord" steckt das Wort „Cor", und das bedeutet: Herz. Nicht nur die Ohren hören, sondern der ganze Mensch. Symbol des Ohres ist die Muschel, die ihrerseits das weibliche Geschlechtsorgan symbolisiert – weiblich, empfangend, helfend, intuitiv und spirituell, ins Innere dringend, das Ganze als Eines wahrnehmend. Das Leben wird „wahr"-genommen. Das Ohr misst auch – und tut dies genauer und sorgfältiger als Auge und Tastsinn – wie naturwissenschaftlich nachgewiesen wurde. Jede Kreatur spricht in die Welt hinein mit ihrem je eigenen Wesen. Unsere Welt ist nicht sprachlos und auch nicht stumm, sondern reich an Klängen, Melodien und Botschaften.

Das Wort „Person" (vom lateinischen *per-sonare,* „durchtönen") bedeutet nichts anderes als transparent zu sein für den Klang, für das Durchklingende. Um im Einklang mit mir selbst zu sein, um mit Harmonie und Wohlklang in Bewegung zu bleiben, brauche ich aufmerksame Ohren. Der bekannte deutsche Theologe *Karl Rahner* (1904–1984) hat von einem „Passwort" gesprochen, das Gott in jeden Menschen hineinspricht. Mit diesem Wort erkenne ich mich selbst, gehöre ich mir selbst. Mir selbst zu gehören geht über die Bande der natürlichen Abstammung hinaus.

Wir sind nicht nur Kinder unserer Eltern, sondern entstammen einem Urgrund, der über den Klang der Eltern hinausweist. Die Bibel spricht davon, dass wir Menschen nicht nur Hörende sind, sondern auch zu Gott gehören, seinem Wesen ähnlich sind und deshalb auch Horchende sein sollen. Wer hören kann, weiß sich gerufen und beheimatet. Hören ist also auch immer mit der Erfahrung von Heimat, Familie, Geborgenheit verbunden. Hören und gehören sind einander zugeordnet.

Das Lied in deinem Herzen

Anthony de Mello

Lausche auf die Natur, die erwacht,
um den neugeborenen Tag zu begrüßen ...
Achte darauf, wie die Stille und der Gesang
in der Natur ineinander übergehen:
wie mannigfaltig die Gesänge der Schöpfung sind,
wie tief ihr Schweigen.
Keiner der Laute in der Natur
stört das Ewige Schweigen,
welches das Universum einhüllt.
Und wirklich, wenn du auf diese Töne horchst,
vernimmst du die Stille ...
Horche nun in dein eigenes Herz.
Auch da erklingt ein Gesang,
denn da bist du ein Teil der Natur.
Wenn du diesen Gesang noch nie gehört hast,
dann hast du nicht aufmerksam genug gelauscht.
Horch! Wie klingt der Gesang?
Traurig ... fröhlich ...
zuversichtlich ... zärtlich ... ?
Auch in deinem Herzen ist ein Schweigen.
Wenn dir jeder deiner Gedanken, Zerstreuungen,
Wunschbilder und Gefühle bewusst wird,
dann wirst du dieses Schweigen sicher erfahren ...
Nun sieh, wie das Lied in deinem Herzen
in das Lied der Natur einschwingt,
die dich rings umgibt ...
Je aufmerksamer du bist,
desto stiller wirst du werden.
Je stiller du wirst,
desto aufmerksamer wirst du lauschen.

Im Kosmos geborgen

Pierre Stutz

Miteinander verbunden sein bei aller Verschiedenheit: Diese Grunderfahrung prägt meine Spiritualität im Alltag, wie ich sie durch die Begegnung mit vielen ganz unterschiedlichen Menschen entfalte. Aus diesen Begegnungen schöpfe ich Kraft und Hoffnung, all meine Bücher sind inspiriert und belebt durch die unterschiedlichsten Beziehungs- und Berufserfahrungen, in denen ich in der Tiefe immer mehr das Verbindende erkenne. Es ist eine Tiefe, die erfahrbar wird, wenn wir einfach sein dürfen, so wie wir wirklich sind, wenn wir keine Rollen spielen müssen, sondern selber die Regie unseres Lebensfilmes übernehmen. Da zeigt sich im Urmenschlichsten und Ursprünglichsten der Fluss des Lebens, der Liebe, des Mitfühlens, der genährt wird von der göttlichen Quelle in allem. Da sind Zufälle nicht mehr „nur" Zufälle, sondern Erlebnisse, die mir zufallen, mir aufzeigen, um was es wirklich geht im Leben. Da erfahre ich oft, dass Raum und Zeit wie aufgehoben erscheinen, weil das Tragende im Leben, die echte Weisheit des Lebens, zeitlos ist. Da suche ich immer wieder die Begegnung und den Dialog mit Menschen, die schon lange gestorben sind, weisen Frauen und Männern, Mystikerinnen und Mystikern, die mir im Mitteilen ihrer Lebenserfahrungen gegenwärtig sind und mich zum Tiefgang im Leben ermutigen. Da erahne ich, was echte Mystik ist: unmittelbare Erfahrungen des tiefen Angerührtseins in Freud und Leid, in denen meine menschliche Begrenzung wie aufgehoben erscheint, und ich spüre, was mich verbindet mit Menschen, Tieren, Pflanzen, der Schöpfung und dem Kosmos – Gottes Lebensatem in allem.

4

Geborgen im Augenblick

Brech der lustige Sonnenschein
Mit der Tür euch ins Haus hinein,
Dass alle Stuben so frühlingshelle;
Ein Engel auf des Hauses Schwelle
Mit seinem Glanze säume
Hof, Garten, Feld und Bäume,
Und geht die Sonne abends aus,
Führ er die Müden mild nach Haus!

Joseph von Eichendorff

Zeichen der Hoffnung

Christa Spilling-Nöker

Nichts
geht verloren
in der unendlich ewigen Zeit.
Auch die zaghaftesten Zeichen der Hoffnung,
hineingeliebt in eine undurchsichtige,
oft befremdlich wirkende Welt,
werden bleiben –
für immer.

Heute

Phil Bosmans

Heute musst du leben. Heute musst du glücklich sein. Wenn du heute nicht lebst, dann hast du den Tag verloren. An das Gute von gestern kannst du dich ruhig erinnern, und auch von den schönen Dingen träumen, die morgen kommen mögen. Aber verliere dich nicht ins Gestern oder Morgen. Wir schreiben Träume in das Buch der Zukunft, aber eine unsichtbare Hand macht einen Strich durch unsere Träume. Es bleibt nicht viel Zeit, um glücklich zu sein.

In einem kleinen Dorf, irgendwo im Land, lebte ein alter, weiser Mann. Er war neunzig Jahre alt geworden und sah zufrieden und glücklich aus. Da sagte einer zu ihm: „So ein schönes langes Leben! So viele Jahre lebst du schon." Der Alte antwortete: „Du lebst immer nur einen Tag." Das hatte ihn das Leben gelehrt.

Ich laufe auf dieser Welt nicht ewig herum. Zwischen der Ewigkeit vor meiner Geburt und der Ewigkeit nach meinem Tod habe ich genau meine Zeit, auf unserem kleinen Planeten zu parken. Ich habe meine Parkuhr. Ich kann den Zeiger nicht zurückstellen. Ich kann in meine Uhr kein Geld stecken und sie länger laufen lassen. Meine Parkzeit ist unerbittlich begrenzt. Mein Leben ist wie mein Name, den ich in den Sand am Meer schreibe, ein kleiner Wind, und alles verweht.

Was nun? Nicht traurig sein, vielmehr probieren, in der Sonne zu parken, nicht im Wespennest der Sorgen. Den Tag schön machen. Begeistert sein vom Licht, von der Liebe, von guten Menschen und guten Dingen. Versuche jeden Tag neu, die Menschen gern zu haben, die um dich herum sind. Versuche in der Stille, die Wunden der Menschen zu heilen, die weinen, auch wenn sie ihr Leid hinter einer freundlichen Maske verbergen. Schenk denen etwas Liebe, die zu wenig geliebt werden. Das Glück der anderen Menschen liegt in deinen Händen. Freundlich sein und hilfsbereit zu den Alten, die wissen, dass ihre Parkuhr bald abgelaufen ist, zu den Kranken, den Behinderten, den Betrogenen und den vielen Unglücklichen, die keinen Platz mehr an der Sonne fanden. Ihnen und allen Menschen um mich herum den Tag schön machen. Mehr brauche ich eigentlich nicht zu tun, um selber glücklich zu sein: In der Sonne parken und die Parkuhr laufen lassen.

Leben ist das Ziel. Glücklich leben. Aber der folgenschwerste Irrweg unserer Zeit ist, dass viele Menschen das Mittel zum Ziel machen. Sie leben, um zu arbeiten. Und so verstricken sie sich in unlösbare Probleme. Die Grundlage ihres Lebens ist falsch.

Hast du vergessen, zu leben, weil du aus einem Mittel zum Leben das Ziel deines Lebens gemacht hast? Was ist das Leben anderes, als gut und freundlich zu den anderen zu sein. Vergiss nicht zu leben, heute zu leben. Vergiss nicht, dass dir jeder Tag gereicht wird wie eine Ewigkeit, um glücklich zu sein.

Es werde!

Schwester Gisela

Ich stifte Sinn, wenn ich teilnehme an dem, was Zeit braucht! Zeit in eine gute Sache investieren bedeutet Zeit gewinnen und Sinn stiften. *Maria Montessori* spricht von der Entwicklung eines Menschen als der Offenbarung seines Wesens. Ich gehe am eigenen Lebenssinn vorüber und verliere Sinn, wenn ich nicht teilnehme an dem, was Zeit braucht. Indem ich vertrauend und mit Weitblick Anteil habe am „Werden", indem ich mich dem Wachstum zuwende, dem Fallen und dem Schwachen, stifte ich Sinn.

Dann bin ich mitten im Leben, habe teil an dem, was schon immer auf unserer Erde geschieht. Wie ich mich zu den Lebensgesetzen verhalte, verhält sich das Leben zu mir. Wie sich das kleine Senfkorn zum großen Baum verhält, so verhält sich auch der Baum zum Senfkorn. Glaube ich an die Möglichkeit, dass mein Leben gelingen kann, dann ist kein Schmerz und keine unbeantwortete Frage umsonst. Unvollkommen darf ich sein, denn nicht ich muss mir meine Unvollkommenheit leisten können, nein, Gott kann es sich leisten!

Gerade in meine Grenzerfahrungen legt er seine heilende Gegenwart hinein. Letztlich ist es seine Verantwortung, wie es mit der Erde und mit mir weitergeht. Ich stelle mich mitten in diese Verantwortung hinein, ohne dagegen zu sein! Das ist gar nicht so einfach, aber durchaus attraktiv. Es macht gelassen und frei. Probieren Sie es aus: Nichts geschieht, ohne zu wirken. Selbst dann hat mein Leben Sinn, wenn ich es mir nicht mehr vorstellen kann und alles anders läuft, als ich es gerne hätte, denn es gibt da eine unendlich kreative Kraft in meinem Leben, die immer noch eine Möglichkeit sieht und zusammenfügen kann, was ich nicht vermag.

Ich will der Zeit, in der ich lebe, ohne Vorurteile begegnen und in jedem Augenblick das Einzigartige entdecken. Ein Augenblick ist's, der mein Herz treffen kann. Ein Augenblick ist's, der die Seele eines Menschen offenbart. In der Bibel wird schon am Anfang in der Schöpfungsgeschichte erzählt, dass Gott sich Zeit lässt: „Es werde …" ist sein Motto.

„Es werde …" – das möchte ich auch über mein Leben schreiben. Im Bewusstsein, dass alles seine Zeit hat und seine Zeit braucht, möchte ich Geduld haben an jedem Tag. Ich möchte aber auch gleichzeitig den Spuren Gottes in der Welt folgen, wenn es darum geht, nicht nur auf das Paradies zu warten, das „im Werden" ist …

Es klingt wie ein Paradox: In einem einzigen Augenblick der Begegnung kann sich mir die Ewigkeit zeigen, sich mir das Paradies offenbaren, sich das Glück mitteilen. Der Augenblick ist die wichtigste Erfahrung meines Lebens. Wann habe ich zum letzten Mal einem Menschen liebevoll in die Augen geschaut? Habe ich mir heute schon selbst in die Augen geschaut? Mir einen liebevollen Augenblick zu schenken braucht (fast) keine Zeit! Aus den Augen lacht die Seele heraus! Wenn ein Baby aus dem Kinderwagen die Erwachsenen anlächelt, verzaubert ein solcher Augenblick. Die Begegnung mit den Augen hat tatsächlich Zauberkraft. Diese Kraft der Hoffnung will ich nicht verlieren. In der Bibel gibt es kein Ende, sondern immer wieder Neuanfang. „Es werde" – das ist wie ein Zauberwort für jeden neuen Tag, ein Zauberwort, das jedem Augenblick Sinn verleihen kann.

Über 25.000 Mal atme ich täglich ein und aus. Mit jedem Atemzug sage ich Ja zu meiner Geschöpflichkeit. Ich weiß, einmal wird es mein letzter Atemzug sein. Solange ich atme, habe ich teil am Prozess des Lebens, der vom Atem Gottes gehalten und getragen wird. Dieser Schöpfungsatem durchzieht die Grundelemente Wasser, Luft, Erde, Feuer, aber auch unseren Kosmos und unser Menschsein mit Tod und Vollendung, Schuld, Vergebung und Frieden. In der Winzigkeit des Menschen liegt das Samenkorn für eine neue Schöpfung bereit.

Das Segel ist die Liebe

Andrea Schwarz

ein Ahnen spüren
der Sehnsucht
Raum geben

meinen Namen hören
und wissen
jetzt

ich geb
mich der Kraft
verlier mich
ans Unterwegs-Sein

und find mich
auf hoher See
und in den Wind
gestellt

und werde unendlich
beheimatet

Die Kraft der Rituale

Pierre Stutz

„Kann es etwas Schlimmeres geben, als dass wir uns in unserem eigenen Haus nicht zurechtfinden? Wie können wir hoffen, in anderen Häusern Ruhe zu finden, wenn wir sie im eigenen nicht zu finden vermögen?", fragt die Mystikerin *Teresa von Ávila* in ihrer Schrift von der „Inneren Burg". Das ist ein Gedanke, der mich vor einigen Jahren erschüttert hat. Zu lange habe ich draußen gesucht, was ich nur in mir selber finde. Wie jeder Mensch brauche ich Freundinnen und Freunde, Anerkennung und Verwurzelung. Doch nur ich selber – dies ist eine schmerzliche und zugleich befreiende Erkenntnis – kann mir Heimat in mir schenken. Es ist dies eine Beheimatung, die – so habe ich es erfahren – letztlich Gott allein ermöglichen kann. Gott ist in allen Dingen!

Seit ich der Spur dieser Erkenntnis folge, habe ich die Kraft der Rituale in meinem Leben, in meinem Alltag neu entdeckt. Was ist ein Ritual? „Es ist das, was einen Tag vom anderen unterscheidet, eine Stunde von den andern Stunden", lässt *Antoine de Saint-Exupéry* den Fuchs zum kleinen Prinzen sagen. Darum „muss es feste Bräuche geben" – ein Aufruf, der in unserer hektischen Welt, die zum Shoppingcenter der unendlichen Möglichkeiten geworden ist, aktueller denn je ist. Vereinsamung und Sinnverlust nehmen zu: Einfache spirituelle Übungen können eine Hilfe sein, im Alltäglichen das Wunderbare zu entdecken – und sie helfen, nicht länger fremdbestimmt zu leben, gelebt zu werden, sondern mehr aus der eigenen Mitte heraus zu leben.

Ein Ritual ist für mich ...
- regelmäßig und bewusst einen Ort des Innehaltens, des Aufatmens aufzusuchen, an dem ich mich in meinem eigenen Haus zurechtfinden kann.

- ein kraftvoller Moment der Erinnerung, dass das Wesentliche im Leben nicht machbar ist, sondern immer Geschenk und Gnade bleibt.
- wenn ich „den Himmel mit der Erde verbinde", indem ich wahrnehme, was ist, und über mich hinauswachse, weil ich Teil eines größeren Ganzen bin.
- wenn ich Widerstand leiste und Zeichen setze für eine gerechtere Welt, wo Gerechtigkeit, Lebensfreude, Solidarität und Zärtlichkeit spürbar werden.
- wenn ich in das Urvertrauen hineinwachse, dass jeder Mensch sich immer wieder zum Guten verwandeln lassen kann.
- wenn ich wiederhole, nachahme, übe. Übung führt mich zu mehr Achtsamkeit und innerer Ruhe angesichts der drängenden Fragen unserer Zeit.
- ein mystischer Augenblick, in dem Raum und Zeit wie aufgehoben erscheinen und ich in Berührung komme mit Gott, der Quelle allen Lebens, erfahrbar in der Schöpfung und dem ganzen Kosmos.
- eine heilende Erfahrung, weil die Seele, das Lebendige in uns, aufatmen kann und wir alle Erfahrungen zurückbinden können an den Grund unseres Lebens, den ich Gott nenne.

Am Morgen nach dem Aufstehen

Am Morgen, nach dem Aufstehen, stelle ich mich in die Mitte des Zimmers und spüre mit den nackten Füßen gut den Boden unter mir. Der Boden ist Bild jenes Gottes, der mich trägt, auch heute in all den vielen Anforderungen, die auf mich zukommen werden. Ich atme tief ein und aus in Verbindung mit den Worten von *Hildegard von Bingen:* „Gott atmet in allem, was lebt." Mein Dastehen, mein Atmen ist ein spiritueller Akt, der mich die Verbundenheit mit allem erfahren lässt. Es verbindet mich mit dem Atem der Menschen, der Tiere, der Pflanzen, mit dem ganzen Kosmos. So stehe ich anders, verwurzelter im Leben und in dem neuen Tag.

Den Tag über bewusst dastehen

Den Tag hindurch, hoffentlich auch, wenn meine Pläne durchkreuzt werden, wenn etwas nicht gelingt, wenn ich ungeduldig werde, versuche ich das bewusste Dastehen einzuüben. Wenn ich auf den Zug warten muss, in der Einkaufsschlange anstehe, auf das Kochen des Kaffeewassers warte oder auf das Hochfahren meines Computers, erinnere ich mich an die Kraft des Stehens. Es gibt keinen Ort auf dieser Welt, der nicht zum heiligen Ort werden kann. Die spirituelle Dimension des Lebens wird erfahrbar, wenn ich die scheinbar verlorene Zeit des Herumstehens verwandeln lasse in ein achtsames Dastehen. Der Atem hilft mir, die Tiefendimension dieses unscheinbaren Stehens zu spüren. Für mich lebt darin die Hoffnung, nicht zu resignieren.

Am Abend: zum vergangenen Tag stehen

Am Ende des Tages stehe ich bewusst zu diesem Tag. Voll Dankbarkeit spüre ich das Lustvolle und Angenehme dieses Tages – und ich versuche auch zu dem zu stehen, was ich mir anders gewünscht hätte, wo ich unzufrieden bin mit mir und anderen. Ich stehe zwischen Erde und Himmel, und in einer tiefen Verneigung drücke ich meine Sehnsucht aus, diesen Tag loszulassen, hinter mir zu lassen, Gott zu überlassen.

Glücksmomente für den Tag

Petra Altmann

Am Morgen

Macht Ihnen heute das Aufstehen Schwierigkeiten, oder sind Sie mit dem linken Bein zuerst aus dem Bett gestiegen? Lassen Sie sich den Tag dadurch nicht verderben. „Wenn die Mönche zum Gottesdienst aufstehen, sollen sie sich gegenseitig behutsam ermuntern, damit die Schläfrigen keine Ausrede haben" (Benedikt von Nursia).

Ermuntern kann man sich auch selbst, indem man sich am Morgen nach dem Aufstehen einige Minuten der Besinnung gönnt. Setzen Sie sich hin, schließen Sie die Augen und erinnern Sie sich an zwei oder drei Momente, in denen Sie sich besonders glücklich gefühlt haben. In welcher Situation war dies? Wo haben Sie sich in diesen Momenten befunden? Welche Menschen waren damals mit Ihnen zusammen?

Stellen Sie sich vor, einer dieser Momente sei wieder da. Rufen Sie sich das Glückserlebnis ins Gedächtnis. Denken Sie an die freudigen Gesichter der anderen Menschen, die sie mit Wohlwollen betrachten – Sie haben sich geborgen gefühlt. Erinnern Sie sich der Wärme, die Ihr Herz durchströmte – ganz intensiv, bis Sie sie wieder fühlen. Spüren Sie die Sorglosigkeit, die Sie in diesem Moment empfunden haben – sie ist für diesen Augenblick wieder da. Hören Sie das Lachen, das Ihnen gut tat – es muntert Sie auch jetzt auf. Spüren Sie in Ihrer Erinnerung so lange diesen Momenten nach, bis sich ein tiefes Lächeln auf Ihrem Gesicht breitmacht. Wer mit einem solchen Lächeln in den Morgen startet, wird am Abend zufrieden auf einen gelungenen Tag zurückblicken können.

In der Mitte des Tages

„Wir brauchen nur einen wachsamen Geist" (Abbas Poimen). Wachsam kann der Geist nur bleiben, wenn man nach Stunden der Konzentration durchatmet, abschaltet und in sein Inneres schaut. Mit geschlossenen Augen tauche ich ein in diese dunkle Welt. Ich atme ein und wieder aus. Ich atme tief ein und lange aus. Je tiefer mein Atem geht, desto ruhiger werde ich. Ich höre dem Herzen zu, lausche meinem Herzschlag. Immer gleichmäßiger werden seine Schläge, je tiefer ich mich in mich versenke.

Während ich einatme, nehme ich Energie in mich auf. Sie brauche ich, um den Rest des Tages ausgeglichen und konzentriert zu sein. Wenn ich ausatme, leite ich Ballast ab. Mit dem Atem, den ich tief in mich hineinströmen lasse, werde ich mehr und mehr von Ruhe erfüllt. Das lange Ausatmen gibt mir Leichtigkeit. Ich entferne mich gedanklich von den Dingen, die mich in den letzten Stunden beschäftigt haben.

Getragen vom Atemrhythmus schaue ich tiefer in mich hinein. Bald tauchen farbige Bilder in mir auf. Bei den schönsten verweile ich. Ich freue mich daran und lächle – während ich tiefer und tiefer in mich hineinatme. Mein Herzschlag ist gleichmäßig und ruhig. Ich konzentriere mich voll darauf, ich höre meinem Herzen zu und verfolge meine Atemzüge.

Atem und Herzschlag, zwei Komponenten, die mir ganz deutlich vor Augen führen: „Ich bin lebendig!"

Am Abend

Der Abendspaziergang ist für mich der perfekte Abschluss eines ausgefüllten Tags. Besonders, wenn ich die Stunden vorher in Räumen und vor dem Computer zugebracht habe, ist dies für mich wichtig. Er ist zu einem Ritual geworden, um den Tag positiv zu beenden. Vergleichbar der Komplet, dem klösterlichen Nachtgebet, mit dem die Ordensleute sich auf die bevorstehende Nacht einstimmen.

Ich kann mir den Wind um die Nase wehen und den Gedanken freien Lauf lassen. Im Rhythmus der Schritte lasse ich die letzten Stunden Revue passieren. Wie ist der Tag verlaufen?

Dinge, die ich tagsüber vielleicht als ärgerlich oder belastend empfunden habe, bekommen draußen in der Natur eine ganz andere Dimension. Mit Abstand betrachtet, sind sie gar nicht mehr so bedeutsam.

Die positiven Erlebnisse gewinnen die Oberhand, je weiter ich mich von meinem Ausgangspunkt entferne. Anregende Telefonate, freundliche Gespräche, der gelungene Abschluss einer Arbeitsphase beispielsweise. Viele positive Impulse, die mir im Gedächtnis geblieben sind.

Je länger ich laufe, desto ruhiger werde ich. Manchmal dauert mein Abendspaziergang nur 15 Minuten, hin und wieder auch eine ganze Stunde. Ich entscheide spontan, wie weit ich gehe, und verbinde gelegentlich auch eine Erledigung mit meinem Weg, beispielsweise den Gang zum Briefkasten.

Der Abendspaziergang öffnet mir die Augen für das, was mich an schönen Dingen umgibt. Und er lohnt sich zu jeder Jahreszeit. Im Winter, wenn Schnee liegt und die frische Luft besonders gut tut. Im Frühjahr, wenn die Natur langsam erwacht. Im Sommer, wenn die Abende besonders lang sind und das Vogelgezwitscher meinen Weg begleitet. Und im Herbst, wenn sich die Blätter färben und der Natur einen bunten Anstrich geben. Immer gibt es in meiner nächsten Umgebung, die ich ja eigentlich gut zu kennen glaube, Neues zu entdecken – wenn ich die Augen offenhalte und ein Ohr dafür habe. So ist der Abendspaziergang in jedem Fall eine lohnende Unternehmung.

Und eines ist zu jeder Jahreszeit sicher: Die Stille am Abend ist die beste Vorbereitung für einen tiefen und gesunden Schlaf.

Wer am Abend noch ein weiteres Ritual anschließen möchte, bevor er sich zu Bett begibt, dem sei ein „Tagebuch der positiven Erlebnisse" empfohlen. Eine hochbetagte Ordensfrau hat mir einmal erzählt, dass sie am Abend immer darüber nachdenkt, was ihr an positiven Dingen im Laufe des Tages begegnet ist und dies notiert. Das sind nicht immer die großen, auffälligen Ereignisse, sondern vermeintliche Kleinigkeiten wie ein angenehmes Gespräch, ein überraschender Anruf oder auch ein Lächeln eines anderen Menschen. Selbst an Tagen, die schlecht gelaufen sind, gibt es solche Lichtblicke. Wer sie abends mit zwei, drei Sätzen in einem Heft notiert, schafft sich selbst ein herrliches Werk mit positiven Impulsen, in dem man immer wieder blättern kann, wenn es einem besonders schlecht geht.

Zu Hause im Tag

Schwester Gisela

Dankbar den Tag begrüßen

Wenn ich morgen früh aufwache, will ich darauf achten, was sich als Erstes regt: Ist es ein Gedanke, mit dem ich wach werde? Ist es ein Gefühl, das mich bewegt? Bin ich vielleicht noch mit einem Traumbild, einem Traumwort beschäftigt? Vielleicht hat mich auch der Weckruf oder die Musik ganz plötzlich aus dem Schlaf gerissen und ich bin wie gelähmt? Ich nehme mir vor, nicht sofort aufzustehen, sondern in meinem ersten Wachzustand bewusst wahrzunehmen, was sich in mir regt ... Ohne darüber zu urteilen, nehme ich mich wahr, noch bevor mich meine Beine tragen und ich mich dem Tag stelle. Ich denke noch nicht darüber nach, was ich heute alles tun muss, wem ich begegnen werde, wie meine Sorgen heißen. Ich genieße für einen Moment die Stille des neuen Tages und die Stille in meinen Sinnesorganen. Wenn ich möchte, berühre ich mit meinen Händen meine Sinnesorgane und wecke sie auf: liebevoll, vielleicht mit einem Kreuzzeichen. Ich spüre meine Augen, meine Nase, meinen Mund, meine Ohren, mein Herz, fühle meine Haut und ihre Beschaffenheit.

Mit einem dankbaren Gefühl stehe ich auf.

Gemeinsame Mahlzeit

Die Bibel ermutigt zu einem ganzheitlichen Leben: „Geh deinen Weg vor mir und sei ganz" (Genesis 17,1). Das ist Aufforderung, ganz Mensch zu sein im Hier und Jetzt, gegenwärtig mit Fleisch und Blut, mit Leib, Seele und Geist. Das Essen ist die gelebte Lust des Daseins im Miteinander und Füreinander – ganz auf der Spur Jesu: „Das ist mein Leib für euch und für alle." Leben heißt Verschwendung auf andere hin. Im Christentum ist der Körper zentral, schöpferische Anteilnahme und Anteilgabe. Wunderbar ist es, einen Körper zu haben und Körper zu sein, einen Leib zu haben und leibhaftig zu sein, in Beziehungen zu leben und Beziehung zu sein, in ihnen zu existieren und für andere lebensstiftend zu sein. Wer in seinem Leib zu Hause ist, sorgt liebevoll für ihn und spürt, was er braucht und nicht braucht. Wenn wir uns leibhaftig annehmen können, macht das Essen Lust und Freude. Vielleicht erkennen wir auch seine spirituelle Kraft. Schmecken schenkt eine Ahnung vom Paradies, in dem es köstliche Früchte in Hülle und Fülle gibt, ohne Mangel und ohne Langeweile.

Der Paradiesgarten ist das Bild für den Ort der Gemeinschaft der Menschen untereinander und der Gemeinschaft mit Gott. Im Teilen schmeckt das Essen erst recht und entfaltet das Geheimnis der Menschwerdung. Wer kennt sie nicht, die Sehnsucht nach dem Paradies und den Wunsch, es hier auf Erden schon zu erfahren? Geben wir der Sehnsucht bei jeder Mahlzeit Raum! Jedes Essen wird zur Einübung des göttlichen Ja zur Erde, zum Leib, zu Leidenschaft, zu Schönheit, wenn es die Bezogenheit auf den Schöpfer besitzt und sich ihm verdankt weiß.

Dankbar den Tag beschließen

Wenn wir das Leben nicht als Geschenk betrachten, dann wird es anstrengend und mühsam. Wo die Liebe rechnet, stirbt sie. Wir können unseren Tag einteilen, strukturieren, berechnen und abrechnen. Aber das Eigentliche im Leben können wir nicht einplanen, einfordern und erzwingen. Wir brauchen nur mit offenen Sinnen durch die Welt zu gehen, und Dankbarkeit wird uns beinahe überwältigen. Wenn ich mit dankbaren Augen und dankbarem Herzen auf mein Leben schauen lerne, bleibe ich innerlich lebendig. Es ist ein gutes Ritual, am Abend nach Gründen zur Dankbarkeit zu schauen. Lebensmut wächst uns zu, und die sogenannten Kleinigkeiten des Lebens bekommen ein ganz anderes Gewicht. Übrigens: Dankbarkeit kann man lernen. Es lohnt sich.

Leben im Rhythmus

Abt Odilo Lechner

Ora et labora, „bete und arbeite" ist zu einer Kurzformel des Benediktinischen geworden. Das „und" verbindet zwei verschiedene Elemente zu einer Einheit. Die Regel gibt die Zeiten des gemeinsamen Betens an und gliedert so vom frühen Morgen und der Erwartung des Sonnenaufgangs bis zum abendlichen Abschluss den ganzen Tag durch den Rhythmus des Gotteslobes. Die Regel gibt je nach Jahreszeit die Stunden für die Handarbeit an, durch die die Mönche ihr tägliches Brot erwerben, durch die sie die ihnen anvertraute Schöpfung gestalten, durch die sie „Gott verherrlichen". Sie gibt Zeiten der Lesung, der Meditation, des Freiwerdens für Gott an (Benediktsregel 48).

Für Benedikt hat die Handarbeit einen eigenständigen Wert. Sie ist nicht mehr wie oft in der Antike ein bloßes Muss, eine Sache, die man den Sklaven oder Fremden überlässt. Sie gehört zur Würde des menschlichen Lebens. Diesen Wert hat jegliche Arbeit. Das Ziel benediktinischen Lebens, „dass in allem Gott verherrlicht werde", dass in allem Gottes Glanz aufscheinen kann, wird in der Benediktsregel gerade im Kapitel über die Handwerker im Kloster benannt, bei etwas ganz Profanem, beim Verkauf der Erzeugnisse der Handwerker. Freilich darf die Arbeit nicht Selbstzweck werden, nur der Selbstbestätigung und Ruhmsucht dienen. In diesem Kapitel wird davor gewarnt, dass einer überheblich wird wegen seines Könnens, wegen seiner Leistung. Wenn einer stolz wird auf das, was er dem Kloster einbringt, dann solle ihm eine andere Arbeit zugewiesen werden. Erst wenn er sich auf das eigentliche Ziel seines Mönchseins besinnt und demütig wird, soll er zur gewohnten Arbeit, zu der er vielleicht besonders geeignet ist, zurückkehren dürfen.

Niemand soll im Kloster ohne Arbeit sein, aber niemand soll auch von seiner Arbeit erdrückt und ganz in Beschlag genommen werden. Niemand soll müßig sein und sich der Arbeit entziehen. Benedikt möchte, dass auch ältere, kranke, empfindliche Mitbrüder noch eine Arbeit erhalten, ohne dass sie von ihr bedrückt und überfordert werden. Jeder, der eine schwere und zu große Arbeit hat, soll Helfer erhalten. Durch das lateinische Wort für Helfer, *solatia* (Tröstungen), wird das Ziel deutlich: Jeder soll seine Arbeit ohne Angst und Hast, unbeschwert und mit Freude tun können.

Solche Freude wird durch die Ausgewogenheit von Arbeit, gemeinsamem Gotteslob und der geistlichen Lesung, dem Freiwerden für Gott in der Stille, grundgelegt. Wenn besondere Umstände etwa beim Ernteeinbringen härtere Arbeit erfordern, dann sollen freilich die Mönche nicht traurig sein. Denn dann sind sie wirklich Mönche, „wenn sie, wie unsere Väter und die Apostel, von ihrer Hände Arbeit leben. Alles aber geschehe der Kleinmütigen wegen maßvoll" (Benediktsregel 48,7–9).

Das Maß suchen heißt Messen, vernünftiges Abwägen der Zeiten und Gewohnheiten und der Verschiedenheit der Menschen. Ist solch beständige Maßhaltung, solch ganz und gar vernünftiges Verhalten nicht doch eine zu rechnerische, zu nüchterne, zu gemäßigte und darum zu mittelmäßige Haltung? *Martin Heidegger* hat 1951 einen Gedichtvers von *Hölderlin* interpretiert – „Voll Verdienst, doch dichterisch wohnet der Mensch auf dieser Erde" –, und er meint, das Vermessen sei das Dichterische des Wohnens. Er meint, im Dichten ereigne sich das „Nehmen des Maßes", die „Maß-nahme, durch die der Mensch erst das Maß für die Weite seines Wesens empfängt". Im rechten Maß, durch die rechten Proportionen finden wir ja auch das Schöne. Aber in dem Gedicht Hölderlins kommt auch der Vers vor: „Giebt es auf Erden ein Maaß? Es giebt keines."

Unser Rechnen und Messen, unser Maßsuchen nach irdischen Maßstäben, das Abwägen der verschiedenen miteinander konkurrierenden Endlichkeiten muss scheitern. Darum verweist Heidegger auf einen anderen Vers im Gedicht „Der Mensch misset sich ... mit der Gottheit". Sie ist das Maß, mit dem der Mensch sein Wohnen, den Aufenthalt auf der Erde unter dem Himmel, ausmisst. Je mehr wir heute erkennen, dass es kein unbegrenztes Wachstum, keinen unendlichen irdischen Fortschritt gibt, je mehr wir das rechte Maß um des Überlebens der Erde willen finden müssen, desto notwendiger wird der Maßstab des Ewigen, wie ihn Benedikt in seiner Regel vorgibt. Das rechte Maß etwa zwischen Arbeit und Freizeit kann nur in der Frage nach dem Sinn von Leben und Arbeiten, letztlich in einem transzendenten Ziel gefunden werden. Benedikt gibt es in dem Kapitel über die Handwerker an: „dass in allem Gott verherrlicht werde". Benedikts Devise ist ein Maßstab für unser alltägliches Leben.

Im Rhythmus des Jahres

Anselm Grün

„Alles hat seine Zeit", sagt der Weisheitslehrer *Kohelet* um das Jahr 180 vor Christus. Der Mensch kann nicht über die Zeit verfügen. Die Zeit ist ihm vorgegeben. Gott hat jedem Augenblick eine eigene Qualität geschenkt. Unsere Aufgabe ist es, den jeweiligen Augenblick in seiner Besonderheit anzunehmen. Wenn ich so lebe, wie es Gott über die Zeit verfügt hat, dann lebe ich richtig. Dann tut es mir gut. Nach Kohelet führt das Leben, das die Qualität jedes Augenblicks berücksichtigt, zur Gelassenheit und zur Freude am Leben.

Kohelet deutet den Wechsel der Zeiten als etwas Vollkommenes und Schönes: „Gott hat das alles zu seiner Zeit auf vollkommene Weise getan. Überdies hat er die Ewigkeit in alles hineingelegt" (Kohelet 3,11). Gott hat alles gut gemacht. Das gilt gerade auch von der Zeit. Ich muss meine Maßstäbe, die ich an die Zeit anlege, loslassen. Jede Zeit ist eine gute Zeit. Aber meine Aufgabe ist es, mich auf die jeweilige Zeit als der von Gott verfügten Zeit einzulassen.

Kohelet hat jüdische und griechische Weisheit miteinander zu verbinden versucht. Der griechische Philosoph *Platon* wollte mit seiner Philosophie die Kunst des gesunden Lebens lehren. Kunst ist für Platon Nachahmung der Natur. Und ein wichtiger Bereich der Natur ist ihr Rhythmus. Die Zeit der Natur ist immer rhythmisierte Zeit. Wer die Kunst des gesunden Lebens lernen will, der schwingt sich auf den Rhythmus der Natur ein, wie sie uns in den verschiedenen Jahreszeiten vorgegeben ist. Wer im Rhythmus der Natur lebt, der lebt gesund.

Den Frühling leben

Der Frühling will auch in uns das *Leben* aus aller Erstarrung hervorlocken. Das Leben, das wir um uns herum aufblühen sehen, soll in uns selber zur Blüte kommt. Lassen Sie sich von der Aufforderung des Hohenliedes zum Leben einladen: „Steh auf, meine Freundin, meine Schöne, so komm doch! Denn vorbei ist der Winter, verrauscht der Regen. Auf der Flur erscheinen die Blumen; die Zeit zum Singen ist da." In diesem Sinn sollen wir den Frühlingsanfang ganz bewusst begehen und einfach leben.

Einfach leben – das klingt so einfach. Aber was heißt es, wirklich zu *leben*? Und worin besteht die Kunst des *einfachen* Lebens. *Einfach* leben, heißt im Einklang mit sich selbst leben, keine komplizierten Lebensregeln befolgen. Die Kunst des Lebens bestand für die frühen Mönche in der Einfachheit und Schlichtheit. Sich mit wenigem zufriedenzugeben, offen sein für das, was gerade da ist, darin bestand die Einfachheit. Im Wort „einfach" klingt aber auch die Sehnsucht nach Einswerden an. Bei den deutschen Mystikern bedeutet Einfachheit die Lauterkeit des Herzens. Der Mensch ist einfach da, ohne Nebenabsichten. *Thomas von Aquin* spricht von der Einfachheit Gottes. Gott ist das reine Sein.

Im Mai steht die Natur in voller Blüte. „Wie herrlich leuchtet mir die Natur", dichtet *Goethe* in seinem Mailied. Alles ist grün und weiß und bunt. Und wenn wir durch blühende Maiwiesen wandern, spüren wir, wie diese Lebendigkeit auch nach uns greift. Unsere Stimmung wird heller und fröhlicher. Wir fühlen etwas von dieser Fülle um uns herum auch in uns selbst. Der Mai wird seit alters von Dichtern und Sängern als „Wonnemonat" bezeichnet. Dieser besondere Monat will uns einführen in das Geheimnis des Glücks. Es zieht uns hinaus ins Freie, und wenn wir jetzt durch die Natur wandern, dann spüren wir um uns die Fülle des Lebens. Und oft genug fühlen wir uns glücklich.

Glück stellt sich nicht einfach ein, wir müssen es auch suchen. Wir können es nicht festhalten. Aber wenn wir offen sind, erfahren wir besondere Augenblicke: Da duftet die Wiese, da verströmt der Wald einen eigenen Geruch. Wir riechen, wir schmecken, wir hören und wir schauen es. Wer ganz in seinen Sinnen ist und die Schöpfung um sich herum wahrnimmt, der erfährt Glück, dem kommt es von außen entgegen. Wenn wir die Fülle des Lebens in uns selbst zulassen, dann sind wir im Einklang mit uns selbst. Dann ist die Fülle des Lebens da. Wir müssen uns ihr nur öffnen. Glück hat damit zu tun, uns selbst zu vergessen, nur einfach da zu sein. Glück ist reines Sein. Wer sich vergisst, wer ganz in dem ist, was er gerade tut, der ist glücklich. Es geht dann gar nicht um ein Gefühl. Gefühle kann man sowieso nicht festhalten. Es geht einfach nur um die Fähigkeit, da zu sein. Ohne über sich nachzudenken, einfach wahrzunehmen was ist, was in mir ist, was um mich herum ist und wie ich in Gott bin.

Der Mai lädt uns also dazu ein, uns im Anblick der blühenden Schöpfung selbst zu vergessen und einfach nur mit unseren Sinnen wahrzunehmen, was sich uns an Schönheit anbietet. Wer sich vom Mai in die Schule nehmen lässt, für den werden viele Augenblicke des Lebens den Geschmack des Glücks in sich schließen. Auch dem Geheimnis des Lebens können wir in dieser Zeit nachspüren. In seinem letzten Klavierkonzert variiert *Mozart* im dritten Satz immer wieder die Melodie, in der er auch sein Lied „Komm, lieber Mai, und mache die Bäume wieder grün. Und lass mir an dem Bache die kleinen Veilchen blüh'n!" komponiert hat. In diese Melodie hat er seine ganze Liebe, seine ganze Fröhlichkeit hineingelegt. Der Frühling, in dem er es komponierte, sollte der letzte Frühling sein, den er erlebte. Frühling war für Mozart mehr als eine schöne Jahreszeit. Sie war für ihn Überwindung des Todes, Aufbrechen aller Starre, Aufblühen und Grünwerden. All das ist für ihn Symbol für eine tiefere Wirklichkeit, letztlich für die Wirklichkeit der Auferstehung, für den Sieg der Liebe über den Tod, für den Sieg des Lebens über alle Erstarrung.

Seit je haben die Menschen mit dem Mai also mehr verbunden als den wohltemperierten „Wonnemonat". Es war für sie immer auch eine Zeit der Liebe. Wenn in der Schöpfung alles aufblüht, dann ist das mehr als Lebenskraft der Natur. Die Menschen – und sicher auch Mozart – haben darin eine größere Liebe gesehen, die nicht nur die Natur zum Blühen bringt, sondern auch das menschliche Herz. Menschen blühen auf, wenn sie lieben. Sie bekommen etwas von der Schönheit und Zärtlichkeit, die Mozart in seine Melodie hineingelegt hat.

Den Sommer leben

Wenn der Sommer beginnt, haben wir in unseren Breiten den längsten Tag. Ab dann beginnen die Tage wieder kürzer zu werden. Die Kirche hat das Fest des heiligen Johannes des Täufers auf den 24. Juni gelegt. Sie feiert an diesem Tag die Sonnenwende. Johannes hat das berühmte Wort im Blick auf Jesus Christus gesagt: „Er muss wachsen. Ich aber muss abnehmen" (Johannes 3,30) Die Kirche hat das auf die Sonne bezogen, die ein Symbol für Jesus Christus ist, der als Sonne in unseren Herzen aufgeht.

Im Sommer dreht sich unsere Aufmerksamkeit oft um die Sonne. Wird sie heute scheinen oder gibt es einen Regentag? Wird es gar zu heiß? Von jeher haben die Menschen eine besondere Beziehung zur Sonne gehabt. Und in vielen Religionen wurde sie als göttlich verehrt. Sie wärmt und sie erhellt. Ihr Licht kann heilsam sein. Aber wer sich ihr zu sehr aussetzt, und sei es nur, um zu bräunen, der erlebt auch ihre gefährlichen Seiten.

Einige werden im Sommer ferne Ziele ansteuern. Viele werden in der Heimat Urlaub machen. Oder sie suchen sich innerhalb von Deutschland Ziele aus und nutzen den Urlaub, Unbekanntes in der Nähe zu finden und Orte zu entdecken, die sie bisher noch nicht gekannt haben. So kann das knapper werdende Geld auch eine Chance sein, seine Urlaubsgewohnheiten zu überdenken. Statt weiter Reisen können wir darauf achten, etwas wirklich Gutes für Leib und Seele zu tun. Was dient meiner Erholung tatsächlich? Wodurch gewinne ich neue Kraft? Für mich selber sind Wanderungen die beste Möglichkeit, mich zu erholen. Im Wandern hole ich mir alles, was ich brauche: Bewegung, die schöne Landschaft, das Miteinander mit Freunden und eine gute Müdigkeit, die zum Ausruhen und Feiern einlädt, wenn das Ziel der Wanderung erreicht ist.

Mit Urlaub verbinden wir die Vorstellung von Freiheit. Endlich frei. Frei von Sorgen, frei vom täglichen Druck der Arbeit, frei von Verpflichtungen. Wie lange hat man sich nicht danach gesehnt. Das Wort „Urlaub" kommt ja von „erlauben". Ursprünglich stammt das Wort von der Erlaubnis, die mir ein Höhergestellter gibt, wegzugehen. In diesem Sinn meint Urlaub die Freistellung von einem Dienstverhältnis. Ich steige aus – aus dem Dienstverhältnis. Ich steige aus – aus dem Erwartungsdruck der Menschen. Es ist mir gleich, was die anderen von mir wollen. Wichtig ist aber auch: Ich tue mir selber etwas Gutes.

Adalbert Stifter, der österreichische Dichter, hat einen Roman „Der Nachsommer" benannt. Das ist die Zeit, die im August auf uns zukommt. In diesem Monat hat der Sommer seinen Höhepunkt. Doch schon an Mariä Himmelfahrt, am 15. August, schlägt der Höhepunkt um. Es beginnt der Spätsommer. Die Tage haben jetzt eine eigene Qualität. Manchmal kann es noch sehr heiß sein. Doch oft wird die Wärme angenehm, weil die Sonne mehr Milde bekommt. Die geernteten Felder strömen einen eigenen Duft aus. Spazieren zu gehen und die Sonne zu genießen ist jetzt besonders schön.

Der Spätsommer hat eine eigene Schönheit. Viele Menschen wandern am liebsten im September. Da sticht die Sonne nicht mehr. Sie können sie richtig genießen. So können wir das, was Gott uns Tag für Tag schenkt, nur genießen, wenn wir bereit sind, loszulassen und uns immer wieder auf das Neue einzulassen.

Den Herbst leben

In den Herbstmonaten wird die Ernte eingefahren. Es ist eine Zeit, die nicht nur an die Ernte auf den Feldern, sondern auch an die Ernte des Lebens denken lässt. Diese Erfahrung in der Natur stellt uns die Frage: Wie weit bringt mein Leben eine gute Ernte ein? Was ist in mir in diesem Jahr gewachsen? Wo hat meine Arbeit an mir selbst und die Arbeit für andere Früchte getragen?

Es ist schön, wenn man dankbar auf die Ernte eines Jahres zurückschauen und für sich selbst eine positive Bilanz ziehen kann. Aber auch Niederlagen und Misserfolge gibt es. „Der Sieg hat viele Väter, die Niederlage nur einen", heißt es. Jeder meint, dass er seinen Teil zum Erfolg beigetragen hat. Aber wenn etwas schiefgeht, dann stehen wir ganz allein da. Dann werden wir mit Kritik und oft genug mit Häme begossen. So ist es gut, dankbar und zugleich bescheiden auf persönliche Siege zurückzublicken. Aber genauso wichtig ist es, ein guter Verlierer zu sein und sich auch Niederlagen einzugestehen, die das Leben mit sich bringt.

Zu unserem Leben gehören immer Höhen und Tiefen, Licht und Schatten. Seien wir dankbar für beides. Denn an beiden lernen wir, am Sieg und an der Niederlage. Im Sieg steckt die Verheißung, dass unser Leben gelingt. Wir stehen nicht immer auf der Seite der Verlierer. Unser Leben glückt. Wir sind im Einklang mit uns selbst. Aber auch die Niederlage kann heilsam sein. Sie reißt uns alle Masken vom Gesicht. Sie bringt uns in Berührung mit unserer Wahrheit. In der Niederlage fällt alles von uns ab, womit wir uns rühmen können. Da fühlen wir uns nackt. Sie stellt uns vor die Frage, was wir eigentlich mit unserem Leben wollen und wer wir in Wahrheit sind. Unser Wert hängt nicht nur vom Erfolg ab oder von dem, was wir tun, sondern auch davon, wie wir das erleiden, was uns widerfährt. Denn beides gehört zu unserem Leben.

Wenn wir uns im Oktober an der Farbenpracht der Natur erfreuen, lässt uns das unser eigenes Leben anders anschauen: Wir schauen auf die Buntheit des eigenen Lebens, das in vielen Farben leuchtet. Keiner will „graue Maus" sein – und wenn wir nur richtig sehen lernen, entdecken wir die Farbigkeit unseres Lebens. Und noch etwas: Die Farben des Oktobers sind milde Farben und auch die Sonne hat jetzt ein milderes Licht. Auch wir sollten mit einem milden Blick auf uns schauen, auf unsere Stärken und Schwächen, auf unsere Vergangenheit und auf die Vergangenheit anderer: auf alles, was menschlich ist. Dann verzichten wir darauf, über uns selbst und über andere zu urteilen. Und wir sehen, dass unser Leben schön und wertvoll ist.

Den Winter leben

Der erste Schnee fasziniert uns. Doch wenn der Schnee uns wochenlang in Beschlag nimmt, sehnen wir uns nach dem

Frühling. Die Kälte des Winters ist auch ein Bild für unsere Seele. Wenn wir von Schneelandschaften träumen oder von Eis und Frost, dann will der Traum uns immer auf die vereisten Gefühle in uns hinweisen. In uns ist viel von Schnee bedeckt. Vieles in uns ist eingefroren. Ein solches Traumbild mahnt uns, mitten in der Kälte des inneren Winters die Wärme in uns zu entdecken, damit die vereisten Gefühle in uns auftauen. Wir müssen uns hüten, innerlich zu vereisen, kalt zu werden, im Herzen, in der Sprache und im Umgang miteinander. Wir müssen wieder in Berührung kommen mit der inneren Glut unseres Herzens, damit sie auch in unsere Sprache und unseren Umgang miteinander hineinwirkt. Wenn wir Worte sprechen, die aus dem Herzen kommen und die von der Glut des Heiligen Geistes erfüllt sind, dann wirken unsere Worte wärmend. Und nur dann schaffen wir ein Klima der Nähe und des Vertrauens. Und nur daraus wird ein Haus gebaut, in dem wir uns gerne niederlassen, in dem wir uns zu Hause fühlen.

Der Winter treibt uns nicht nur äußerlich in die Wärme, in die beheizte Wohnung, in der wir uns wohlfühlen. Der Winter lädt uns auch ein, unsere Beziehungen nicht einfrieren zu lassen. Manchmal hilft nur die Hoffnung, dass der Winter vorübergeht und unsere eingefrorenen Beziehungen wieder auftauen und ein neues Miteinander möglich wird. So kann jetzt die Hoffnung wachsen, dass auch der Winter in uns ein Ende hat und der Frühling auch für unsere Seele kommt und neues Leben in ihr zur Blüte bringt.

5

Unterwegs nach Hause

Ich wandre meine Straße,
die zu der Heimat führt,
da mich ohn' alle Maße
mein Vater trösten wird.

Paul Gerhardt

Heimweh

Phil Bosmans

Ein Zuhause – das ist wie ein warmes Nest, ein geschützter Hafen in den Stürmen des Lebens, eine liebevolle Umgebung, eine Oase des Glücks. Dort ist einem alles vertraut, dort kann man sein, wie man ist, ohne Druck und ohne fremde Blicke. Zuhause – das ist wie ein Stück Himmel auf Erden.

Menschen auf der Suche nach einem Zuhause: Das ist das Schicksal zahlloser Kinder, die nie die Liebe von Mutter und Vater erfahren haben, das Schicksal von Millionen, die ihre Heimat verlassen, weil es dort für sie kein Leben mehr gibt. Überall, wo verzweifelte Menschen Hoffnung auf Überleben, Sicherheit, Arbeit, Hilfe finden, öffnet sich über ihnen der Himmel auf Erden.

Wo gehen wir denn hin? In dieser Frage des Alltags kann sich die Erfahrung des ganzen Lebens bündeln. Wie bewegt, enttäuschend, schmerzerfüllt unser Lebensweg auch sein mag, zuletzt sehnen wir uns immer nach dem Zuhause, wo wir in ewiger Liebe geborgen sind.

Menschen suchen ihr Leben lang auf vielen Wegen, Umwegen und Irrwegen einen bleibenden Ort, einen Heimathafen, einen Tisch mit Brot und Wein, ein Herz, eine sanfte Hand, eine stille Gegenwart, die bleibt, auch wenn die Worte verstummen.

Aber das Leben lehrt, dass Menschen für Menschen nur ein Zwischenhafen sind, ein Anlegeplatz auf Zeit, wie schön er auch sei. Menschen suchen, ob sie darum wissen oder nicht, im Grunde den großen Strom, der sie ans andere Ufer bringt, zum endgültigen Hafen, wo sie für immer geborgen sind, zu dem Hafen voller Licht und Liebe, den ich Gott nenne.

Auf dem Weg

Otto Betz

Vielleicht ist das Bild vom Weg das wichtigste symbolische Zeichen für den Verlauf unseres Lebens. Wir sprechen ja vom „Lebensweg", weil wir im Grunde immer unterwegs sind, Beweglichkeit brauchen, manchmal auch eine etwas problematische Verwegenheit haben, dann möglicherweise vom Wege abkommen oder in eine ausweglose Situation geraten. Wir sind froh über Weg und Steg, müssen auch immer wieder weggehen, befinden uns auf Suchbewegungen, hoffen auf Zugänge, Eingänge und Übergänge, oft genug sind Umwege in Kauf zu nehmen, wir hoffen, dass wir Weggefährten finden und dass uns jemand beisteht, wenn wir einen Ausweg aus der Sackgasse nötig haben.

Wenn wir etwas über unser Leben erzählen sollen, dann zeichnen wir unsere Wege nach, die Stationen unserer persönlichen Geschichte, mit all den Verirrungen und dem Finde-Glück, das uns widerfahren ist. Und wenn wir auch sesshaft geworden sind, so erinnern wir uns doch mit Vorliebe an unsere Reisen und Wanderungen, an die Abenteuer des Unterwegs-Seins. Und manchmal fragen wir uns vielleicht, ob die Wege unseres persönlichen Weges uns dazu geholfen haben, die eigene Identität zu finden, das, was uns von allen anderen unterscheidet. Man kann sich ja auch selbst davonlaufen, in blinde Betriebsamkeit geraten, um nur ja nicht auf den Weg zu kommen, der für uns der richtige ist, der zu unserer Wahrheit gehört.

Weg, Reise, Wanderung, das sind Bilder für die nötigen Wandlungen, die auch zu unserem Leben gehören. Wir durchlaufen ja immer Prozesse eines Gestaltwandels, können nicht die Alten bleiben und wissen nicht, was auf uns zukommt. Das Abschiedhafte gehört ebenso zu unserem

Leben wie die Neigung, an einem Ort zu verharren. Und sind es nicht die Wegkehren, die Entscheidungssituationen, die sich am folgenreichsten für unser Schicksal auswirken? Ob wir die wichtigsten Augenblicke im Leben erkannt haben oder ob wir dafür blind waren und einfach weitergetappt sind, das wird sich erst zu einer späteren Zeit zeigen.

Es ist auffällig, dass in unseren Tagen das Wallfahren wieder entdeckt wird. Viele – auch junge – Menschen, möchten einen weiten Weg gehen, auf Annehmlichkeiten verzichten, sich der Hitze und Kälte aussetzen und ihre eigenen Kräfte ausloten. Allzu große Sesshaftigkeit scheint problematisch zu sein. „Wir haben hier keine bleibende Stätte", heißt es im Hebräerbrief (13,14). Von Jesus wissen wir, dass er in der Zeit seiner öffentlichen Tätigkeit immer unterwegs war. Und wenn er gesagt hat: „Die Vögel haben ihre Nester und die Füchse ihre Höhlen, aber der Menschensohn hat nichts, wo er sein Haupt hinlegen kann" (Matthäus 8,20), dann wollte er nicht über sein Schicksal jammern, sondern seine Lebensform verdeutlichen. *Alfons Rosenberg* hat deshalb sehr treffend gesagt: „Will man erfahren, was er weisen wollte, muss man den festen Standort aufgeben und mit ihm wandern – denn seine Weisheit ist keine ersessene, sondern eine erwanderte." Und wenn Jesus sich selbst in einem Deutewort vorstellen wollte, hat er nicht gesagt: „Ich bin die Ruhebank und der Rückzugsort", sondern: „Ich bin der Weg" (Johannes 14,6).

Sprachforscher machen uns darauf aufmerksam, das unser Wort „Sinn" etymologisch mit Weg, Reise, Bewegung zusammenhängt. Um den Sinn unseres Lebens zu finden, muss man sich „auf den Weg" machen, muss die Welt kennenlernen, sich „vom Sinnstrahl der Dinge" treffen lassen, wie *Romano Guardini* gern gesagt hat. Der Weg ist zwar nicht das Ziel; wer sich aber nicht auf den Weg macht, wie kann der „erfahren" werden und zum Ziel gelangen?

Unterwegs zum Sinn

Schwester Gisela

Sinnvoll leben heißt für mich, sich dem ständigen Wandlungsprozess des Lebens hinzugeben. Werden und geworden sein, loslassen, ohne sich gehen zu lassen, und in Form sein. Die Sinne richtig zu lesen bedeutet, dem Sinn auf der Spur zu sein. Sinn – dieses Wort geht auf die althochdeutsche Wurzel „Weg" zurück. Sinn erschließt sich also im Gehen und im Weitergehen, auch wenn du nicht weißt, was dich auf deinem Weg erwartet. Es ist wichtig, dass du Überraschungen liebst und dich auf Neues freust, dass du Vertrauen in die Zukunft hast und ein Liebhaber des Lebens bist. Es ist wichtig, dass du deinen persönlichen Weg findest und gehst und dass du immer weißt, wo du hingehörst und zu Hause bist, dass du dich zurückziehen kannst, Geborgenheit findest, das Erlebte verarbeitest und deinen gewohnten Rhythmus findest. Und eines ist gewiss: Unterwegs scheint nicht nur die Sonne, ich muss bereit sein, auch in Wind und Regen aufzubrechen und Veränderungen standzuhalten.

Das Glück braucht beides, die Parkbank in der Sonne und die Stürme des Lebens.

Richtung und Sinn gehören zusammen wie der „Uhrzeigersinn". Gehen macht also Sinn, wenn ich um die Richtung weiß. Nicht nur wir Menschen sind unterwegs, auch die Schöpfung ist unterwegs, sie verwandelt sich ebenfalls in der Entfaltung ihres Sinns. Die Welt ist nicht etwas Fertiges, sondern sie ist eine Mit-Entstehende. Wir und die Welt sind also ein Team, wenn es um den Sinn des Lebens geht. Wenn ich die Frage nach dem Sinn nicht stelle, entsteht Langeweile. Sie wächst dort, wo etwas fix und fertig ist, dort, wo kein Raum mehr zum Hinzutun, keine Fantasie und Eigentätigkeit gefragt ist. Von daher ist es kein Wunder, dass das Gefühl von Langeweile und Sinnlosigkeit mit der Erscheinung von Gewalt und Zerstörung einhergeht. Sinn dagegen hat Gestalt, ist also Kunst, etwas Kreatives, ein Weg. Sinn geschieht durch die Rückbindung an die Leiblichkeit des Menschen. Gleichzeitig verweist der Sinn auf geistige und seelische Werte, die wir in der eigenen Mitte finden. Dort ist alles, was wir zum Leben brauchen: Licht, Klang, Begegnung, Bewegung, Atem. Alles hat seine Zeit – alles hat seinen Sinn für den, der glaubt.

Der heilige Franziskus nennt seinen Leib liebevoll „Bruder Esel". Der Esel ist ein nützliches, kräftiges, faules, widerspenstiges, geduldiges, liebenswertes Vieh. Am Ende seines Lebens entschuldigt er sich bei ihm, weil er wohl zu hart mit ihm umgegangen sei. Für ihn war klar: Ein gelingendes Leben vollzieht sich leibhaftig und sinnlich. Die Sinnesorgane sind keine Werkzeuge, die etwas machen können. Sinnesorgane sind Empfangsorgane. Von ihnen kann ich lernen, Empfangende zu sein, nicht Macher! Der Sinn des Lebens erschließt sich im Empfangen und in der Antwort auf das, was wir empfangen. Immer wieder neu müssen wir die Frage nach dem Sinn unseres Lebens und unserer Erfahrung stellen. Wir sind damit nie fertig!

Empfangende sind Menschen, die offene Hände haben, ihre Bedürftigkeit annehmen und nicht jeden Mangel gleich als Verlust empfinden. Sie überlassen sich dem Lebensrhythmus, dem Geben und Nehmen, der Liebe und dem Leiden, der Verletzbarkeit des Herzens, aber auch der Kraft der Hoffnung und des Neuanfangs. Ein Blick nochmals in die Natur: Einen Baum pflanzen, ihn pflegen, ihn betrachten durch die Jahreszeiten hindurch heißt Hoffnung leben. Hoffnung leben braucht Zeit und geschieht nicht von heute auf morgen. Hoffnung darf wachsen und gedeihen, wie der Baum langsam aber stetig wächst.

Nach Hause finden

Margot Käßmann

Der erwachsene Jesus beginnt die Zeit seiner öffentlichen Wirksamkeit: „Er kam nach Nazareth, wo er aufgewachsen war. Nach seiner Gewohnheit ging er am Sabbat in die Synagoge" (Lukas 4,16). Die Versuchung in der Wüste liegt hinter ihm, er hat mit dem Lehren begonnen. Damit stößt er auf, wie wir heute sagen würden, „positive Resonanz". Was treibt ihn nun nach Nazareth? Wollte er schlicht seine Eltern besuchen? Oder ob er doch testen wollte, wie es zu Hause ankommt, was er tut und redet? Auf jeden Fall geht er nach Nazareth in die Synagoge und beginnt dort, die Tora auszulegen.

„Ist das nicht der Sohn von Josef?" Das ist doch so ein typischer Satz, den wir kennen, wenn wir erwachsen geworden sind: Ist das nicht die Kleine von Heinrich Müller? Und ist der nicht einer aus der Schmidtfamilie? Was aber dieser Bibeltext besonders zeigt, ist die Beheimatung Jesu im jüdischen Glauben. Jesus war Jude. In der Synagoge, bei der Auslegung der Heiligen Schrift, fühlte er sich zu Hause. Das müssen wir immer wieder ernst nehmen, wenn wir dazu neigen, Jesus als Christen zu vereinnahmen ...

Jesus kannte sich aus in der Synagoge. Das war nichts Fremdes, dort war er mit seinem Glauben beheimatet. Wir überlegen heute in den Kirchen ja oft, wie unsere christliche Gemeinden Menschen beheimaten können. Das wäre für mich das Ziel: dass Menschen wissen, dass jemand sie willkommen heißt und das Brot mit ihnen bricht, dass es einen gibt, der „eine zweite Meile", ein weiteres Stück Weg mit ihnen gehen will.

„Nach Hause kommen", das hat darüber hinaus aber auch eine Dimension, die über dieses Leben hinausgeht.

Ich weiß, wohin ich gehöre, in einem ganz existenziellen Sinn. Letzte Beheimatung, das ist nicht die Heimat in Nazareth oder Hannover oder Berlin oder New York oder Peking. Die Heimat, nach der Jesus sucht, die der Ort der Sehnsucht der Menschheit ist, das ist die Beheimatung bei Gott ...

Was ist mein Platz im Leben? Wohin will ich gehen, was ist mein Ziel, wenn ich mir bewusst mache, wie verletzlich, wie begrenzt mein Leben ist? Es gilt, sich Zeit für diese Fragen zu nehmen ... Wir müssen unseren eigenen Weg finden im Leben, auch gegen Widerstände, und Gott um Mut für diesen Weg bitten. Dabei ist zu akzeptieren, dass als Christ und Christin leben bedeuten kann, unverstanden zu sein, sich fremd zu fühlen. Ja, auch unser Leben bleibt Fragment. Auch unsere Beheimatung ist nur eine vorläufige ...

Vielleicht ist genau das die Weisheit, die in der Mitte des Lebens langsam zum Tragen kommt: Ein schöner Tag ist ein Geschenk, ein Moment des Glücks, etwas Besonderes, und wer sich freuen kann an dem, was ist, und nicht ständig nörgelt an dem, was nicht ist – hat viel verstanden von dem, was Lebenslust ausmacht. Und am Ende sich von Gott gehalten wissen und das eben wissen: Ich kann nicht tiefer fallen als in Gottes Hand.

Was mir Heimat gibt

Andrea Schwarz

Heimat, das kann ein Ort sein, das können Menschen sein, das kann eine Verbundenheit sein, eine Idee, eine Vertrautheit, ein Miteinander. Heimat – das sind für mich zum einen ganz konkrete Kirchenräume ... In einer Kirche zu Hause zu sein, das geht nicht mit dem Kopf, das hat etwas mit Gefühl und Empfinden zu tun: das Licht, das auf eine Säule fällt und sie in Hell und Dunkel trennt, die brennenden Kerzen vor dem Marienaltar, das Farbenspiel in St. Michael, wenn die Sonne am Abend durch die Glasfenster scheint und die Engel im Altarraum bunt anzieht. Es ist etwas durchaus sehr Sinnliches, was ich da spüre und empfinde – etwas, von dem ich mich ergreifen, berühren lasse: die Weite eines Raumes, das Spiel des Lichts, die Kühle des Weihwassers, der Duft des Weihrauchs, der Gesang, die vertrauten Worte des Priesters.

Dazu braucht es einen heiligen Raum, der abgesondert ist, der genau dadurch herausgehoben wird, zu einem eigenen Raum wird – zu einem Ort, der dem Gebet und der Begegnung des Menschen mit Gott vorbehalten ist. Dafür brauche ich einen Raum, der für nichts anderes als eben dafür da ist, in ihm und mit ihm Erfahrungen zu machen. Dafür brauche ich einen Ort, der eben nicht dem „Kosten-Nutzen-Denken" als alleiniger Kategorie unterliegt, sondern der einfach sein darf, der in sich wichtig ist, der sich unterscheidet, der erinnern will an eine andere Welt – und der mir dafür Raum bietet ... Ich brauche Kirchen, die mir Heimat geben, Kirchen, in denen ich beten kann, Eucharistie mitfeiern kann, eine Kerze anzünden kann für einen Menschen, der mir nahe steht. Kirchen, in denen ich zur Ruhe kommen kann, weil sich der Alltagslärm gedämpfter anhört. Und ich brauche Kirche als Heimat, als etwas, in dem ich zu Hause bin, das mir vertraut ist, das mir Schutz und Geborgenheit schenkt, weil ich in ihr meinen Glauben leben darf, weil ich durch sie glauben lernen durfte. Kirche – das ist so ein bisschen wie die eigene Familie oder gute Freunde: Man kennt sich, man ist vertraut miteinander, man streitet auch mal, man ist nicht unbedingt immer glücklich miteinander – aber man gehört halt zusammen. Und wenn es spitz auf knopf geht, dann steht man füreinander ein, ohne Wenn und Aber.

Den Aufbruch hin zum Leben kann der wagen, der weiß, wo er zu Hause ist, wo seine Heimat ist. Die eigentliche Heimat von uns Christen ist Gott, ist unser Glaube – aber ich brauche Kirchen und Kirche, damit ich diese Heimat hier auf Erden auch leibhaftig erfahren und erahnen kann.

Heimat im Glauben

Abtprimas Notker Wolf

Ich habe das Glück, dass ich Glauben von Anfang an in Gemeinschaft erfahren habe, mit meiner Mutter, mit unseren Hausleuten – der Vater war im Krieg – und in meiner Heimatgemeinde. Man war in dem Allgäuer Dorf, in dem ich aufwuchs, mit fragloser Selbstverständlichkeit Mitglied der Kirche, die einen katholisch, die anderen evangelisch. Und ich war in der katholischen Gemeinde so zu Hause, dass ich in unserer Kirche jeden Stein kannte. Meine älteste Erinnerung ist Weihnachten 1942, ich war damals zweieinhalb Jahre. Ich bin zu unseren Hausleuten gegangen und auf den Christbaum zu, unter dem ich zwei Plätzchen und drei Bauklötzchen fand. Dann merkte ich plötzlich: Hinter mir steht jemand. Dann drehte ich mich um: Es war der Hausherr, der kurz vorher auf Urlaub aus dem Krieg zurückgekommen war – und ich sah, wie seine Augen strahlten über meine Freude. Als Kind ging mir damals das Herz richtig auf.

Und an diesem Heiligen Abend ist meine Mutter mit mir in die Christmette gegangen und hat mich kleinen Stöpps vor sich hingestellt auf die Bank und mich festgehalten. Es war ein Schauen und Staunen. Der Weihrauch, das Licht, der Gesang – es hat mich überwältigt. Das ist meine Urerfahrung: Glaube ist schön. Glaube entfaltet die besten Möglichkeiten des Menschen, er macht glücklich und froh. Das Äußere gehört dazu. Glauben ist aber für mich keine äußere oder theoretische Angelegenheit: Glück hat auch mit Heimat, mit Zugehörigkeit und innerer Resonanz zu tun. Und das habe ich von Anfang an mit Kirche verbunden. Heimat und Kirche waren eins. Dieser Glaube war eingebettet ins Leben. Als Ministranten waren wir mittendrin in diesem Leben. Bei allen Hochzeiten und Beerdigungen waren wir dabei, sommers wie winters. Wenn wir in der Kirche geschwätzt haben, dann hat der Messner, der hinter uns saß, uns Kopfnüsse ausgeteilt. Im Winter haben wir gefroren, dass es uns geschüttelt hat. Aus Ehrfurcht durften wir keine Handschuhe anziehen und so haben wir eben geschlottert.

Mir ist oft die Hand ans Rauchfass angefroren, so kalt war es. Das Opfer hat man gern gebracht für den Toten, den man da unten in der Grube liegen sah. Einmal, als ein Jäger gestorben war, hat einer der Totenredner gesagt: „Da flackscht du jetzt, Hans, und gehst ein in die ewigen Jagdgründe." Und wenn einer von den Veteranen des Ersten Weltkriegs gestorben war, dann ist natürlich die Blasmusik dagestanden und hat gespielt: „Ich hatt' einen Kameraden", und alle haben geheult, dass es eine wahre Freude war. Ich erinnere mich auch an eine Weißnäherin, die damals „auf Stöhr", wie man sagte, von Familie zu Familie ging und die Bettbezüge, die Vorhänge und die Tischdecken nähte, die weißen Sachen also. Die ging auf jede Beerdigung. Dann stand sie da, voller Lustangst mit geballten Händen und angezogenen Armen, und wenn dann bei den Veteranen mit der Kanone dreimal Salut geschossen wurde, ließ sie jedes Mal einen lauten Schrei los.

Kurz: Nichts Menschliches war diesem Glauben fremd. Er war Schönheit, Sicherheit, Heimat und Geborgenheit. Ein Raum des Vertrauens und ein Einfallstor des Göttlichen in diese Welt. Eine Glückserfahrung.

Trau der Kraft, die in dir ist

Anselm Grün

Was immer wieder auffällt: die Fröhlichkeit des Kleinkinds. Wenn ich meine eigenen Kinderbilder anschaue, so wundere ich mich, wie ich da in einer Zeit, die ja nicht sehr rosig war – unmittelbar nach dem Krieg –, in die Kamera lache und einfach vergnügt bin. So wie in der Osterzeit, der Frühlingszeit das Leben neu aufblüht, so erinnert uns das Kleinkind an das Aufkeimen und Blühen unseres Lebens. Das Kind wächst und bringt das, was in ihm angelegt ist, immer mehr zum Ausdruck. Das Lebendige hat Kraft in sich. Es entfaltet sich, allen Widerständen zum Trotz.

Ich gebe Menschen, die sich selbst nichts zutrauen und keine Lebendigkeit in sich spüren und sich leer fühlen, manchmal die Aufgabe, sie sollten ihre Kinderbilder anschauen. Das Lachen, die ungezwungene Fröhlichkeit, die Vitalität, die sie in sich selbst als kleinem Kind entdecken, ist jetzt auch in ihnen. Sie ist vielleicht nur verschüttet. Aber der Blick auf das kleine Kind in uns will uns Mut machen, der eigenen Vitalität zu trauen. In uns ist diese innere Freiheit des Kindes, dieses Einverstandensein mit sich selbst, dieser Drang, das Leben zu erkunden und die Welt zu erobern. Die Meditation des kleinen Kindes, das wir einmal waren, bringt uns in Berührung mit der Quelle von Lebendigkeit, Hoffnung und Zuversicht, die in uns sind, aber an die wir oft genug den Glauben verloren haben. Negative Erfahrungen haben uns abgeschnitten von dieser inneren Quelle. Das kleine Kind in uns sagt uns: „Trau der Kraft, die in dir ist. Trau der Quelle, die in dir fließt. Trau deinem eigenen Gefühl. Trau deiner inneren Fröhlichkeit und Leichtigkeit. Sie sind auch jetzt noch in dir. Tanze sie aus. Drücke sie im Spiel aus. Lache sie aus dir heraus. Der Drang zu leben ist stärker in dir als deine Zweifel, ob dein Leben gelingt. Traue mir. Ich bin in dir. Und ich möchte dich in Berührung bringen mit deiner Einmaligkeit und Einzigartigkeit. Du bist du selbst. Lebe, was du bist!"

Kindheit und Alter sind nicht als Gegensätze zu verstehen. Beide Lebensphasen verkörpern Aspekte des Menschseins oder repräsentieren etwas, das zur Menschlichkeit dazugehört. Jesus fordert uns, also auch und gerade die älter Werdenden, auf, wie die Kinder zu werden. Denn nur wer das Himmelreich annimmt wie ein Kind, wird hineingelangen (vgl. Markus 10,15). Die Haltung des Kindes meint die Offenheit. Gott ist der immer Neue, der unser Leben erneuern möchte. Himmelreich bedeutet, dass Gott in uns herrscht und nicht die Macht oder das Geld. Wenn Gott in uns herrscht, sind wir innerlich frei und heil und ganz. Und wir kommen in Berührung mit dem ursprünglichen Bild Gottes in uns. Doch das Reich Gottes kann man nicht kaufen oder durch Leistung erwerben. Es braucht die Haltung des Kindes, das sich beschenken lässt, das sich dem Neuen, das sich Gott gegenüber öffnet.

In den Festen des Kirchenjahres drücken wir Themen unserer Seele aus, die entscheidend sind für unsere Selbstwerdung und Ganzwerdung. Damit wir ganze Menschen werden können, stellen wir die verschiedenen Aspekte unserer Seele in den Ritualen der kirchlichen Feste spielerisch dar. Das heilige Spiel heilt unser Leben. Es erfrischt uns, es bringt uns in Berührung mit dem göttlichen Leben, das in uns ist und an dem uns Gott in Jesus Christus teilhaben lässt. *Romano Guardini* hat kurz vor seinem Tod skeptisch gefragt, ob der heutige Mensch noch liturgiefähig ist. Wer als Erwachsener das Spiel für kindisch hält, der wird sich auch nur schwer auf das heilige Spiel der Liturgie einlassen können. Deshalb tut es uns gut, uns an die Spiele unserer Kindheit zu erinnern und auch als erwachsene Menschenkinder wieder mit Lust zu spielen. Ob in der Liturgie oder in der Freizeit – wir spielen uns hinein in unsere Freiheit, in unsere Weite und letztlich in unsere Befreiung durch Jesus Christus, in unsere Erlösung.

Der alte *Picasso* sagt zur inneren Beziehung von Kindheit und Alter: „Es dauert lang, jung zu werden." In die Haltung des Kindseins oder des Jungseins – so meint Picasso mit diesem Satz wohl – muss man bewusst hineinwachsen. Und das braucht lange. Das meint, dass wir die Haltung des Kindes sehr schnell verlieren und mit anderen Haltungen überdecken. Daher müssen wir uns diese innere Lebendigkeit und Offenheit des Kindes wieder erwerben. Wir sollen nicht infantil bleiben. Dann würden wir uns nicht weiterentwickeln. Die Kunst des Lebens besteht darin, dass wir auf der einen Seite immer reifer und erwachsener werden, auf der anderen Seite aber das innere Kind in uns bewahren. Die Psychologie spricht davon, dass wir mit dem inneren Kind in Berührung kommen sollen, das eine Quelle von Inspiration und Lebendigkeit ist. Und das innere Kind hat ein Gespür für seine Einmaligkeit. „Ich bin ich. Ich bin, wer ich bin." Insofern ist es Zeichen des reifen Menschen, wenn er seine kindliche Seele bewahrt. Er bleibt dann innerlich lebendig und offen für das Geheimnis seines Lebens.

Heimkommen

Andrea Schwarz

Nichts spricht dagegen, dass wir unser Leben hier auf der Erde genießen dürfen und sollen und können – und ich lebe ausgesprochen gern. Wir dürfen hier zu Gast sein und unser Gastsein durchaus genießen – aber wir haben jetzt schon ein Wohnrecht im Himmel – und der Platz ist für uns schon vorbereitet: „Im Hause meines Vaters gibt es viele Wohnungen!" Und es werden Wohnungen sein, für die wir weder Miete noch Kaution zahlen müssen, es gibt keine Kehrwoche und keine Schneeräumpflicht, und wir werden uns nicht mehr mit undichten Wasserleitungen und quietschenden Gartentoren befassen müssen.

Aber – wissen wir noch, was es heißt, daheim zu sein, an einem Ort zu wohnen? Können wir das überhaupt noch in unserer heutigen Zeit: heimkommen? Wir sind auf der ganzen oder zumindest der halben Welt zu Hause – und selbst wenn wir nicht persönlich da waren, so liefert uns das Fernsehen doch alle Bilder ins Haus. Die Skyline von New York ist uns so vertraut wie die Hauptstraße in Gaggenau. Freunde, vielleicht auch die Familie, wohnen in ganz Deutschland verstreut, wenn nicht sogar noch weiter weg. Ein Freund ist grad nach Mallorca gezogen, eine Bekannte will nach Südafrika, das Münzengemisch in der Schublade ist bunt – und wurde durch die Einführung des Euro nur ein bisschen eingedämmt.

Aber – wer überall zu Hause ist, der ist eigentlich nirgendwo daheim. Mich hat ein Satz sehr berührt, den ich in einem Roman von *Henning Mankell* gelesen habe, in dem Buch „Der Chronist der Winde". Es ist die unsagbar zärtliche und doch zugleich unsagbar harte und brutale Lebensgeschichte eines zehnjährigen afrikanischen Straßenjungen

– und an einer Stelle dieses Romans sagt Nelio, der Straßenjunge: „Die Menschen heute bauen keine Häuser mehr, sie bauen Verstecke!" Die Menschen bauen keine Häuser mehr, sie bauen Verstecke. – Könnte es sein, dass auch wir ein Versteck aus unserem Leben gemacht haben? Ein Versteck vor den anderen Menschen, ein Versteck vor mir selbst, ein Versteck vielleicht auch vor Gott? Könnte es sein, dass wir deshalb überall zu Hause sind, weil wir uns gerade damit umso besser verstecken können? Kann es sein, dass deshalb unsere Sehnsucht so groß geworden ist, dass wir die unmöglichsten Sachen probieren, um glücklich zu werden, das große Los zu ziehen, dorthin zu fahren, wo noch keiner von den Nachbarn war, das Auto zu fahren, das kein anderer fährt?

Heimkommen, endlich Heimat finden, zu Hause sein. „Ich bin der Weg, die Wahrheit und das Leben!" – wer an ihn glaubt, braucht die Verstecke des Lebens nicht mehr. Mag sein, dass genau das die unendliche Sehnsucht unseres Lebens ist – keine Verstecke mehr zu brauchen ... Kurz vor seinem Sterben erinnert sich Nelio, der zehnjährige Straßenjunge in Mankells „Chronist der Winde", an seinen Vater. „Mein Vater war ein sehr kluger Mann", sagt Nelio. „Er lehrte mich, zu den Sternen aufzuschauen, wenn das Leben schwer war. Wenn ich den Blick dann wieder auf die Erde senkte, war das, was eben noch übermächtig war, auf einmal klein und einfach."

Wenn wir zu den Sternen schauen, wenn wir auf Gott schauen, wenn wir darauf vertrauen können, dass wir eines Tages zu ihm heimkommen werden und dürfen – dann brauchen wir hier keine Verstecke mehr. Dann brauchen wir uns nicht mehr zu verstecken – vor keinem anderen, nicht vor mir – und nicht vor Gott.

Antwort auf Hoffnung

Benedikt XVI.

Es ist wichtig zu wissen: Ich darf immer noch hoffen, auch wenn ich für mein Leben oder für meine geschichtliche Stunde augenscheinlich nichts mehr zu erwarten habe. Nur die große Hoffnungsgewissheit, dass trotz allen Scheiterns mein eigenes Leben und die Geschichte im Ganzen in einer unzerstörbaren Macht der Liebe geborgen ist und von ihr her, für sie Sinn und Bedeutung hat, kann dann noch Mut zum Wirken und zum Weitergehen schenken. Gewiss, wir können das Reich Gottes nicht selber „bauen" – was wir bauen, bleibt immer Menschenreich mit allen Begrenzungen, die im menschlichen Wesen liegen. Das Reich Gottes ist Geschenk, und eben darum ist es groß und schön und Antwort auf Hoffnung.

Innere Befreiung

Pierre Stutz

Religion wurde für mich zur inneren Befreiung, weil sie nicht eine Pflichtübung war, sondern ein Hineinwachsen in Werte und Ideale, die ich zutiefst in mir selber entdeckte und nach deren Verwirklichung ich mich sehnte. Mein Leben ausrichten auf den Willen Gottes heißt: zutiefst annehmen, dass ich Geschöpf und Abbild Gottes bin. Als Geschöpf werde ich nicht klein gehalten, sondern bin aufgerufen, immer in Rückverbindung (lateinisch *religio*) mit meinem Schöpfer zu leben. Gott hat mich geschaffen und gewollt, sein bedingungsloses Ja verleiht meiner Existenz Würde und Sinn. Je mehr ich mich in Gottes Willen, also im Aufbau des Reiches Gottes verwurzle, umso mehr werde ich so, wie Gott mich gemeint hat. Denn Urvertrauen und Selbstbewusstsein gehören zusammen – zwei Grunderfahrungen menschlichen Lebens, die ich bei Jesus ganz besonders stark zum Ausdruck kommen sehe.

Die verstorbene Theologin *Dorothee Sölle,* der ich freundschaftlich begegnet bin und viel verdanke, hebt in ihrem letzten Buch „Mystik des Todes" diese grundlegende Lebens- und Glaubenseinstellung nochmals kraftvoll hervor: „Gott braucht auch uns, unseren Schutz, unseren Trost, unsere Wärme. Wir brauchen es, gebraucht zu werden. Einseitige Beziehungen, in der die eine Person immer die gebende, die andere immer die nur nehmende ist, sind moralisch unerträglich und führen zu neurotischen Verzerrungen. Darum ist das Bild parentaler Liebe für Gottes Beziehungen zu uns nicht ausreichend. Wir müssen Freundinnen und Freunde Gottes werden."

Diese tiefe Hoffnung lässt mich leidenschaftlich im Leben stehen, weil ich an das Gute in jedem Menschen glaube.

Denn im Anfang war nicht die Ursünde, sondern der Ursegen, der uns durch die Schöpfung in einer faszinierenden Schönheit entgegenkommt. Diese göttliche Segenskraft ist jedem von uns „im Anfang" unseres Lebens in die Herzensmitte gelegt worden, damit wir nicht auf unsere Mängel fixiert bleiben, sondern auf unser unerschöpfliches Wachstumspotenzial vertrauen, das es ein Leben lang zu entfalten gilt.

Mit dem Unvorhersehbaren rechnen, dem Möglichen Raum geben, mich nicht abfinden mit dem, was ist, das ist für mich eine wesentliche Lebenseinstellung. Dann ist die entscheidende Frage in meinem Leben nicht die, ob ich an Gott glaube, sondern ob ich Gott lebe! Gott jeden Tag leben lassen in all meinen Tätigkeiten bedeutet für mich, an die Verwandlung des Menschen zu glauben. Es bedeutet für mich, dass ich mir kein festes Bild mache von mir selber und von den anderen ... Damit fördere ich den Respekt vor der Einmaligkeit eines jeden Menschen, vor dem Geheimnis, das er oder sie auch immer bleibt und das mich zum tiefen Staunen führt und zur gegenseitigen Ermutigung, sich Tag für Tag noch mehr entfalten zu können.

Anhang

Quellenverzeichnis

Alle Quelltexte sind, soweit nicht anders vermerkt, im Verlag Herder, Freiburg im Breisgau, erschienen.
© *Verlag Herder GmbH, Freiburg im Breisgau*

Petra Altmann, Aufbruch in die Stille, 2010.
Petra Altmann (Hg.), Weisheit aus der Stille. Das Kloster-Jahreslesebuch, 2011.
Benedikt XVI., Gott ist bei uns jeden Tag. Jahreslesebuch. Herausgegeben von Franz Johna, 2008. © 2005–2008 Libreria Editrice Vaticana.
Otto Betz, Elementare Symbole. Die Zeichensprache der Seele, 2009.
Dietrich Bonhoeffer, Widerstand und Ergebung. Briefe und Aufzeichnungen aus der Haft. Herausgegeben von Eberhard Bethge. © Gütersloher Verlagshaus, Gütersloh, in der Verlagsgruppe Random House GmbH, München.
Phil Bosmans, Vitamine fürs Herz, 2010.
Phil Bosmans, Mensch, ich hab dich gern, 2010.
Joan Chittister, Das Leben beginnt in dir. Weisheitsgeschichten aus der Wüste, 2010.
Anselm Grün, Wo ich zu Hause bin. Von der Sehnsucht nach Heimat. © Kreuz Verlag in der Verlag Herder GmbH, Freiburg im Breisgau 2011.
Anselm Grün, Einfach leben. Das große Buch der Spiritualität und Lebenskunst. Herausgegeben von Rudolf Walter, 2011.

Schwester Gisela Ibele, Der Geschmack des Himmels. 12 Schritte für ein sinnliches Leben, 2012.

Schwester Gisela Ibele, 100 Himmlische Gedanken. Atempausen für die Seele, 2010.

Gisela Ibele/Therese Nolte, Mehr Himmel wagen. Nicht alltägliche Exerzitien, 2006.

Margot Käßmann, In der Mitte des Lebens, 2009.

Odilo Lechner, Zeichen auf dem Weg. Stationen meines Lebens, 2011.

Odilo Lechner/Petra Altmann, Leben nach Maß. Die Regeln des heiligen Benedikt für Menschen der Gegenwart, 2009.

Antje Sabine Naegeli, Umarme mich, damit ich weitergehen kann. Gebete des Vertrauens, 2010.

Philip Newell, Mit einem Fuß im Paradies. Die Stufen des Lebens im keltischen Christentum, 2003.

Henri Nouwen (im Gespräch mit Philip Roderick), Geliebt sein. Was es heißt, heute als Christ zu leben, 2009.

Richard Rohr, Ins Herz geschrieben. Die Weisheit der Bibel als spiritueller Weg, ²2009.

Andrea Schwarz, Ich liebe Gänseblümchen. Unaufdringliche Gedanken, 2011.

Andrea Schwarz, Bleib dem Leben auf der Spur. Unterwegs nach Afrika, 2010.

Andrea Schwarz, Wenn die Orte ausgehen, bleibt die Sehnsucht nach Heimat. Fragmente einer geerbten Geschichte, 2009.

Christa Spilling-Nöker, Kleines Buch der Lebensfreude, 2011.

Pierre Stutz, 50 Rituale für die Seele. Herausgegeben von Andreas Baumeister, Neuausgabe 2011.

Pierre Stutz, Kleines Buch vom Kreis des Lebens, 2011.

Pierre Stutz, Was meinem Leben Tiefe gibt, Neuausgabe 2011.

Pierre Stutz, Der Stimme des Herzens folgen. Jahreslesebuch 2005.

Notker Wolf, Die sieben Säulen des Glücks. Tugenden zum Leben, 2011.

Textnachweis

S. 16: Thomas von Kempen (um 1380–1471)
S. 17: Betz, Elementare Symbole 114 f.
S. 19: Grün, Wo ich zu Hause bin 109–113 (Auszug).
S. 22: Ibele, Himmlische Gedanken 19; 25; 37; Ibele/Nolte, Mehr Himmel wagen 67 f.
S. 24: Bosmans, Vitamine fürs Herz 50 f.
S. 25: Spilling-Nöker, Kleines Buch der Lebensfreude 68 f.
S. 26: Schwarz, Wenn die Orte ausgehen 5.
S. 28: Antje Sabine Naegeli, „Heimatlos sein", in: Umarme mich 118.
S. 29: Rohr, Ins Herz geschrieben 50 f.
S. 30: Newell, Mit einem Fuß im Paradies 42–45 (Auszug). Übersetzung zum Teil bearbeitet.
S. 32: Stutz, Der Stimme des Herzens folgen 215; 19.
S. 34: Bosmans, Vitamine fürs Herz 82 f.
S. 35: Schwarz, Bleib dem Leben auf der Spur 76–78; 80 f.
S. 40: Jean Paul (1763–1825).
S. 41: Ibele, Der Geschmack des Himmels 35 f.
S. 42: Grün, Wo ich zu Hause bin 34; 38–40.
S. 44: Käßmann, In der Mitte des Lebens 20 f.; 149; 153.
S. 46: Lechner, Zeichen auf dem Weg 11–16 (Auszug).
S. 49: Schwarz, Bleib dem Leben auf der Spur 40.
S. 50: Wolf, Sieben Säulen 7–11.
S. 53: Stutz, Kleines Buch vom Kreis des Lebens, 109 f.; 63 f.
S. 54: Schwarz, Wenn die Orte ausgehen 108 f.; 89 f.
S. 59: Spilling-Nöker, Kleines Buch der Lebensfreude 67.
S. 60: Grün, Wo ich zu Hause bin 7–12 (Auszug).

S. 63: Schwarz, Bleib dem Leben auf der Spur 41 f.
S. 64: Nouwen, Geliebt sein 35 f.
S. 65: Bonhoeffer, Brief vom 26. November 1943, in: Widerstand und Ergebung © Gütersloher Verlagshaus, Gütersloh, in der Verlagsgruppe Random House GmbH, München.
S. 66: Schwarz, Bleib dem Leben auf der Spur 41 f.; Gänseblümchen 146.
S. 67: Chittister, Das Leben beginnt in dir 53; 55 f.
S. 68: Ibele, Der Geschmack des Himmels 20–25.
S. 70: Zitiert nach Altmann (Hg.), Weisheit aus der Stille 11 f.
S. 71: Stutz, Was meinem Leben Tiefe gibt 8 f.
S. 74: Joseph von Eichendorff (1788–1857)
S. 75: Spilling-Nöker, Kleines Buch der Lebensfreude 111.
S. 76: Bosmans, Mensch, ich hab dich gern 15; 22 f.; 31.
S. 78: Ibele, Der Geschmack des Himmels 108–113.
S. 80: Schwarz, Bleib dem Leben auf der Spur 128.
S. 81: Stutz, Rituale 7–9; 12 f.; 16.
S. 84: Altmann, Aufbruch 18–25
S. 88: Ibele, Der Geschmack des Himmels 15–16; 84 f.; Himmlische Gedanken 119.
S. 91: Lechner/Altmann, Leben nach Maß 35 f.; 63–65.
S. 94: Grün, Einfach leben 19 f.; 31 f.; 40 f.; 43; 46; 52; 59; 27 f. (Auszüge).
S. 104: Paul Gerhardt (1607–1676).
S. 105: Bosmans, Vitamine fürs Herz 36; 79.
S. 106: Betz, Elementare Symbole 96 f.
S. 108: Ibele, Der Geschmack des Himmels 103–108.
S. 110: Käßmann, In der Mitte des Lebens, 148 f.; 153 f.
S. 112: Schwarz, Bleib dem Leben auf der Spur 41 f.
S. 114: Wolf, Sieben Säulen 128 f.
S. 116: Grün, Einfach leben 88–91; 96.
S. 119: Schwarz, Bleib dem Leben auf der Spur 131–132.

S. 121: Benedikt XVI., Enzyklika „Spe salvi" 35; zitiert nach: Benedikt XVI., Gott ist bei uns jeden Tag 349 © 2005–2008 Libreria Editrice Vaticana.

S. 122: Stutz, Der Stimme des Herzens folgen 245; 16; Rituale 21.

Verzeichnis der
Autorinnen und Autoren

PETRA ALTMANN, Dr. phil., freie Journalistin und Buchautorin, erfolgreiche Veröffentlichungen zu Lebenswerten und Traditionen, die für unser Leben heute bedeutsam sind. Bei Herder: „Leben nach Maß. Die Regel des heiligen Benedikt für Menschen der Gegenwart" (zusammen mit Odilo Lechner 2009), „Aufbruch in die Stille" (2010), „Das ABC der Dankbarkeit" (2011), Herausgabe von „Weisheit aus der Stille. Das Klosterjahreslesebuch" (2011).

BENEDIKT XVI. (JOSEPH RATZINGER), geb. 1927. 1977–1981 Erzbischof von München und Freising; 1981–2005 Präfekt der Glaubenskongregation; 19. April 2005 zum Papst gewählt. Zahlreiche Veröffentlichungen bei Herder.

OTTO BETZ, geb. 1927, Prof. Dr., 1964–1985 Professor für allgemeine Erziehungswissenschaft und Pädagogik an der Universität Hamburg. Autor und Herausgeber zahlreicher Veröffentlichungen zu Themen der Spiritualität, Literatur, Anthropologie und Religionspädagogik. Zuletzt bei Herder: „Elementare Symbole. Die Zeichensprache der Seele" (2009).

DIETRICH BONHOEFFER, 1906–1945, ev. Pfarrer und Theologe; Widerstandskämpfer gegen das Hitler-Regime und Martyrer. Weltbekannt sind seine Briefe und Aufzeichnungen aus der Haft „Widerstand und Ergebung".

Phil Bosmans, 1922–2012, kath. Priester und Ordensmann, Begründer des „Bundes ohne Namen". Zahlreiche Veröffentlichungen (Weltgesamtauflage bei geschätzten 10 Millionen Exemplaren). Zuletzt bei Herder u. a. „Mensch, ich hab dich gern" (2010), „Vitamine fürs Herz" (2010), „Das kleine Buch vom guten Gott" (2011), „Vergiss die Freude nicht" (Neuausgabe 2012).

Joan Chittister, Dr. theol., Benediktinerin, Erfolgsautorin, Dozentin, Leiterin von Kursen mit Auftritten im Fernsehen und eigener Internetpräsenz (www.benetvision.org). In den Vereinigten Staaten eine der führenden Stimmen für ein Christentum, das an Lebensweisheit interessiert ist und den Dialog sucht. Sie unterstützt Initiativen für Frauen und für Frieden und interreligiösen Dialog. Bei Herder: „Weisheitsgeschichten aus den Weltreligionen. Antworten auf die Fragen des Lebens" (2009), „Das Leben beginnt in dir. Weisheitsgeschichten aus der Wüste" (2011).

Anselm Grün, geb. 1945; Dr. theol., Benediktiner und Verwalter der Abtei Münsterschwarzach; geistlicher Berater, Begleiter und Autor höchst erfolgreicher Veröffentlichungen. Zuletzt bei Herder u.a.: „Heilsame Worte. Gebete für ein ganzes Leben" (2010), „Die Stille beginnt in dir. Inspirierende Gedanken aus dem Kloster" (2011), „Einfach leben. Das große Buch der Spiritualität und Lebenskunst" (2011). Internet: www.einfach-leben.de

Gisela Ibele, geb. 1963, Franziskanerin von Reute, Ausbildung zur Erzieherin und Gemeindereferentin, Leiterin des Projektes „Sinn-Welt Jordanbad" (www.jordanbad.de). Zuletzt bei Herder: „100 Himmlische Gedanken. Atempausen für die Seele" (2010), „Der Geschmack des Himmels. 12 Schritte für ein sinnliches Leben" (2012).

MARGOT KÄSSMANN, Prof. Dr. theol., geb. 1958, Mutter von vier Kindern, Theologin und Pfarrerin. 1999–2010 Landesbischöfin der evangelisch-lutherischen Kirche Hannovers, 2009/2010 Ratsvorsitzende der Evangelischen Kirche in Deutschland, 2012–2017 Beauftragte der EKD für das Reformationsjubiläum. Mutter von vier erwachsenen Töchtern. Zuletzt bei Herder: „In der Mitte des Lebens" (2009), „Gesät ist die Hoffnung" (Neuausgabe 2011), „Stille und Weite" (mit Monika Lawrenz, 2012).

ODILO LECHNER, Dr. phil., geb. 1931, 1964–2003 Abt der Klöster St. Bonifaz und Andechs. Einer der bekanntesten Benediktiner Deutschlands, Autor zahlreicher erfolgreicher Bücher. Zuletzt bei Herder (zusammen mit Petra Altmann): „Leben nach Maß. Die Regel des heiligen Benedikt für Menschen der Gegenwart" (2009), „Zeichen auf dem Weg. Stationen meines Lebens" (2011).

ANTHONY DE MELLO, 1931–1987, geboren in Bombay (Mumbai), studierte nach seinem Entritt in den Jesuitenorden Philosophie, Theologie und Psychologie. Er leitete ein Beratungs- und Ausbildungszentrum in Lonavla (Indien) und war in vielen Ländern gefragter Begleiter und Kursleiter. Seine weltweit verbreiteten Bücher erscheinen auf Deutsch im Verlag Herder, zuletzt u. a. „Der springende Punkt" (Neuausgabe 2011).

ANTJE SABINE NAEGELI, geb. 1948, Studium der evangelischen Theologie, psychotherapeutische Ausbildung zur Logotherapeutin und Existenzanalytikerin. Lebt und praktiziert in St. Gallen. Bei Herder: „Du hast mein Dunkel geteilt. Gebete an unerträglichen Tagen" ([8]2010); „Die Nacht ist voller Sterne. Gebete in dunklen Stunden"

(^{8}2010); „Umarme mich, damit ich weitergehen kann. Gebete des Vertrauens" (2010).

PHILIP NEWELL, geb. 1953, Vater von vier Kindern und Geistlicher der Kirche von Schottland, gilt international als bedeutende Stimme des keltischen Christentums.

HENRI NOUWEN, 1932–1996, gab eine Karriere als Hochschulprofessor auf und schloss sich der von Jean Vanier gegründeten „Arche"-Bewegung eines gemeinsamen Lebens mit behinderten Menschen an. Zuletzt bei Herder: „Christi Weg nach unten" (2009), „Geliebt sein. Was es heißt, heute als Christ zu leben" (2009), „Nach Hause finden" (Neuausgabe 2010).

RICHARD ROHR, geb. 1943, Franziskanerpater, Gründer des „Zentrums für Aktion und Kontemplation" in New Mexico/USA, international bekannter und gefragter Vertreter einer zeitgenössischen christlichen Spiritualität. Zuletzt bei Herder: „Ins Herz geschrieben. Die Weisheit der Bibel als spiritueller Weg" (^{2}2009), „Hoffnung und Achtsamkeit. Der spirituelle Weg für das 21. Jahrhundert" (Neuausgabe 2010), „Dem Wunder begegnen. Auf dem Weg nach Ostern" (2012).

ANDREA SCHWARZ, geb. 1955, ausgebildete Industriekauffrau und Sozialpädagogin, viele Jahre in der Gemeindearbeit, heute als gefragte Referentin und Trainerin tätig sowie ehrenamtlich bei Projekten der Mariannhiller Schwestern in Südafrika. Sie gehört zu den meistgelesenen christlichen Schriftstellern unserer Zeit. Zuletzt bei Herder: „Wenn die Orte ausgehen, bleibt die Sehnsucht nach Heimat" (2009), „Bleib dem Leben auf der Spur" (2010), „Ich liebe Gänseblümchen" (Neuausgabe 2011).

CHRISTA SPILLING-NÖKER, Dr. phil., geb. in Hamburg, ev. Pfarrerin mit pädagogischer und tiefenpsychologischer Ausbildung. Zahlreiche erfolgreiche Veröffentlichungen. Zuletzt bei Herder u.a.: „Himmlische Küche. Kochbuch für die christlichen Feste" (2010), „Die schönsten Seiten des Lebens. Das Familienhausbuch für das ganze Jahr" (2011), „Ein Frühlingsgruß!" (2012).

PIERRE STUTZ, geb. 1953; spiritueller Begleiter, Dichter und Autor viel beachteter Bücher. Bei Herder u.a.: „In der Weite des Himmels. Ein meditativer Gang durch die Bibel" (2011), „Was meinem Leben Tiefe gibt. Schritte zum Dasein" (Neuausgabe 2011), „50 Rituale für die Seele" (Neuausgabe 2011), „Kleines Buch vom Kreis des Lebens" (2011). Im Internet: www.pierrestutz.ch

NOTKER WOLF, geb. 1940, Dr. phil., seit 1961 Mönch der Benediktinerabtei St. Ottilien, 1977 zum Erzabt gewählt, seit 2000 Abtprimas der Benediktiner mit Sitz in Rom. Sehr erfolgreiche Veröffentlichungen. Zuletzt bei Herder: „Gönn dir Zeit. Es ist dein Leben" (2009), „Die sieben Säulen des Glücks" (2011).

Das Große Hausbuch

Christa Spilling-Nöker
Die schönsten Seiten
des Lebens
Das Familienhausbuch
für das ganze Jahr
240 Seiten | Gebunden
ISBN 978-3-451-32551-9

Lieder und Geschichten, Gedichte und Gebete, Bastelideen und Rezepte - eine große Schatzkiste, aus der die ganze Familie schöpfen kann. Mit Informationen rund um das Brauchtum um den Festkreis des Jahres. Das Buch macht Lust, die schönsten Seiten des Lebens immer wieder neu zu entdecken und gemeinsam zu genießen.

In jeder Buchhandlung

HERDER
Lesen ist Leben

www.herder.de

Lust auf das Leben und die Liebe

Andrea Schwarz
Lass deine Seele atmen
Über das Leben und die
Liebe. Mit Fotografien
von Hildegard Morian
48 Seiten | Gebunden
ISBN 978-3-451-32476-5

Die Impulstexte und Gedichte von Andrea Schwarz sind
wie ein freundschaftlicher Schubs ins Leben: der eigenen
Sehnsucht trauen, das Herz öffnen für neue Erfahrungen,
der Liebe eine Chance geben, die Seele atmen lassen.
Zusammen mit den stimmungsvollen Fotografien von
Hildegard Morian ein liebevolles Geschenk – für sich
selbst und für andere.

In jeder Buchhandlung

HERDER
Lesen ist Leben

www.herder.de

Das Gebetbuch für Frauen unserer Zeit

Margot Käßmann (Hg.)
In Gottes Hand gehalten
Frauengebete
220 Seiten | Flexcover
mit Leseband
ISBN 978-3-451-32437-6

Ein Wegbegleiter für Frauen heute, zusammengestellt von Margot Käßmann. Gebete von den Müttern im Glauben aus biblischer Zeit bis zu Frauen unserer Gegenwart. Sie alle sprechen von der Feier und den Grenzen des Lebens. Sie alle kennen die Erfahrungen des Dunkels ebenso wie die Gabe des Segens.

In jeder Buchhandlung

HERDER
Lesen ist Leben

www.herder.de

Spirituelle Weisheit voll Lebenskraft

Ulrich Sander (Hrsg.)
Licht auf unserem Weg
Inspirierende Gedanken von
Phil Bosmans, Anselm Grün,
Andrea Schwarz, Pierre Stutz,
Christa Spilling-Nöker
200 Seiten | Gebunden
mit Leseband
ISBN 978-3-451-33241-8

Das Lesebuch großer spiritueller Autoren. Anselm Grün und Andrea Schwarz, Phil Bosmans und Pierre Stutz erschließen auf je ihre besondere Art und Weise Quellen des Lichts und der Lebenskraft.

In jeder Buchhandlung

HERDER
Lesen ist Leben

www.herder.de

MIX
Papier aus verantwor-
tungsvollen Quellen
FSC® C014496

© Verlag Herder GmbH, Freiburg im Breisgau 2012
Alle Rechte vorbehalten
www.herder.de

Umschlagmotiv: © PantherMedia / Elena Elisseeva
Umschlaggestaltung:
Atelier Georg Lehmacher, Friedberg (Bay.)

Satz: SatzWeise, Föhren
Herstellung: GGP Media GmbH, Pößneck

Printed in Germany

ISBN 978-3-451-32475-8